AF497954

CONTEMPLANDO A MARÍA

CONTEMPLANDO A MARÍA

La Santísima Virgen María vista amorosamente con los ojos de la fe y la imaginación

Joseph Burtka

IMPRIMATUR
Mons. Dr. Enrique Glennie Graue
Vicario General
Arquidiócesis Primada de México
1 de agosto, 2019.

Contemplando a María

Primera Edición: Agosto 2019
Traducido al español por Elsa Vázquez del Mercado
Portada: Mónica de la Campa de Castillo

© Legionarios de Cristo, A.R.
Editorial Christos

ISBN: 978-607-98372-5-9

Derechos Reservados.

Joseph Burtka, LC
Visita mi Instagram @padrejoseph_b

*A María de Nazaret con amor,
pues siempre has sido una madre que nos consuela
y nos guía a Jesús.*

CONTENTS

INTRODUCCIÓN							7

I. "LA VIRGEN SE LLAMABA... MARÍA".		11

II. EL NACIMIENTO DE JESÚS				69

III. MARÍA EN LA CRUZ					86

IV. LA RESURRECCIÓN					103

INTRODUCCIÓN

Solía tener un sueño recurrente – de hecho, era más un soñar despierto que un sueño – pero cuando pienso en ello, me impresiona la frecuencia con la que se repetía.

Comienza conmigo, dormido en mi cama, en la esquina de mi pequeño cuarto (apenas con suficiente espacio para una mesa y un clóset). Las cortinas de la ventana – la única en la habitación – directamente frente a mí, comienzan a mecerse bajo los efectos de una ligera brisa.

Yo comienzo a moverme.

"¡Qué curioso!" pienso a medio despertar, "nunca dejo esa ventana abierta". (En ese momento me encontraba viviendo en Alemania... en el bosque... en una colina.) El aire nocturno, incluso en el verano, era, para mi incomodidad, discretamente frío.

Así, dormitando en ese estado placentero, que ya no es sueño pero aun no es estado de alerta, trato de convencerme a mí mismo de levantarme a cerrar la ventana. Sin embargo, antes de que pueda moverme, ésta se abre de par en par lanzando las cortinas hacia atrás... y una luz intensa, como la linterna de un faro, inunda la habitación y me sumerge en su resplandor.

Cubriendo mis ojos, apenas distingo una figura de pie en medio de esa luminosidad. Su voz es clara y el significado inconfundible.

Me dice: "Soy Gabriel".

"He venido porque el Salvador va a nacer... nacerá de la Virgen María... y ella necesita un protector... un esposo.

Tú has sido escogido".

Era como uno de esos episodios antiguos de "Twilight Zone". Al parecer no habían podido encontrar a la persona correcta para que cuidara de María dos mil años atrás... así que Dios mandó a su ángel al futuro para encontrar a su "José" y llevarlo al pasado.

Yo tenía el nombre, y por supuesto un ardiente anhelo, pero no podía dejar de pensar: "No sé absolutamente nada de carpintería. ¿Debería mencionarlo o no?"

Si lo piensas, San José fue un hombre muy afortunado. Vivió al menos doce años, si no es que treinta, con María y Jesús, cada día, veinticuatro horas al día. ¿Qué no daría por tener esa gracia? Claro que involucró gran sufrimiento, como la huida a Egipto y la pérdida de su Hijo en el Templo, pero ¡qué vida tan bendecida y jubilosa!

Sabiendo que mi sueño permanecería por siempre siendo sólo eso, un sueño, decidí acercarme a María y a la Sagrada Familia de la única manera posible para mí: por la contemplación de los misterios.

La contemplación como forma de oración siempre ha sido altamente reconocida por la Iglesia. La técnica más común fue descrita por San Ignacio de Loyola en los Ejercicios Espirituales, y consiste en usar la imaginación para recrear mentalmente una escena de la vida de Cristo, entrar en ella y atraer los frutos espirituales que de ella emanan. Nos invita a mirar el lugar y a los actores del misterio, a escuchar lo que dicen y observar su comportamiento.

Aunque la liturgia es considerada como la fuente de donde fluyen todas las gracias, la vida espiritual y el progreso en la santidad no se limitan exclusivamente a la participación en la liturgia. Si la contemplación es hecha con fe y con amor, también hace presentes los misterios de Cristo y confiere gracias actuales.

Juan Pablo II lo confirmó en su Carta Apostólica "Rosarium Virginis Mariae":

"María vive mirando a Cristo y tiene en cuenta cada una de sus palabras: 'Guardaba todas estas cosas, y las meditaba en su corazón' (Lc 2,19; cfr. 2,51). Los recuerdos de Jesús, impresos en su alma, la han acompañado en todo momento, llevándola a recorrer con el pensamiento los distintos episodios de su vida junto al Hijo.

María propone continuamente a los creyentes los 'misterios' de su Hijo, con el deseo de que sean contemplados, para que puedan derramar toda su fuerza salvadora...

La contemplación de María es ante todo un recordar. Conviene sin embargo entender esta palabra en el sentido bíblico de la memoria (zakar), que actualiza las obras realizadas por Dios en la historia de la salvación. La Biblia es narración de acontecimientos salvíficos, que tienen su culmen en el propio Cristo. Estos acontecimientos no son solamente un 'ayer'; son también el 'hoy' de la salvación. Esta actualización se realiza en particular en la Liturgia: lo que Dios ha llevado a cabo hace siglos no concierne solamente a los testigos directos de los acontecimientos, sino que alcanza con su gracia a los hombres de cada época.

Esto vale también, en cierto modo, para toda consideración piadosa de aquellos acontecimientos: 'hacer memoria' de ellos en actitud de fe y amor significa abrirse a la gracia que Cristo nos ha alcanzado con sus misterios de vida, muerte y resurrección".
(RVM 11.13)

Este pequeño libro es el fruto de muchos años de oración y contemplación. Lo he escrito con la esperanza de que algunas de mis reflexiones e imaginaciones sean de ayuda para el lector cuando trate de contemplar la vida de la Virgen María.

Invito a todos a hacerse como niños y pasar tiempo con María. Acéptenla en su vida y conviértanse ¿por qué no?, en un miembro más de la Sagrada Familia de Nazaret. No es un sueño imposible.

I. "LA VIRGEN SE LLAMABA... MARÍA".

Para contemplar a la Virgen María en el misterio de la Anunciación, trata de imaginar cómo era ella de niña. No creo que existan tantas diferencias entre los niños de nuestra época y los de hace siglos. Comienza por observar a una niña pequeña – cualquiera que sea – y tendrás una idea de la Santísima Virgen niña.

Mariana

Se llamaba Mariana y tenía los ojos más grandes y oscuros que yo había visto.

Se colgaba inseparablemente de su madre a donde sea que ella fuera, su cabello negro azabache se recogía en una trenza que se columpiaba tras ella.

Una cosita pequeña.

No debe haber tenido más de cinco años.

La vi por accidente la primera vez, mientras me encontraba misionando en un área rural, pobre y perdida en las montañas del centro de México. Mi tarea consistía en ir de puerta en puerta ofreciendo un poco de alegría y consolación, una palabra amable, un momento de oración. Pero en el momento que conocí a Mariana y su familia, me convencí de que era yo quien estaba recibiendo y que nunca podría corresponder a toda la bondad que me mostraron.

Cuando toqué la puerta y entré, la mamá de Mariana estaba lavando ropa. Ella me saludó cálidamente, dijo sentirse honrada y comenzó a contarme minuciosamente su historia. De pronto, mientras ella ahondaba en mayor detalle – y ya había hablado al menos por quince minutos – dos pequeñas manitas aparecieron detrás de ella y la tomaron por las rodillas.

¡Había una niña detrás de ella!

¡Escondida en silencio, inmóvil por más de quince minutos!

La pobrecita debe haber estado terriblemente incómoda y algo temerosa de este sacerdote alto, enfundado en negro, que hablaba español con un fuerte acento extranjero.

Sorprendido, interrumpí a su madre con fuerte voz diciendo: "¡Ah, veo las manos de una niñita! Conectada a esas manos, debe haber una niña completa escondida detrás de su mamá. Me pregunto si querrá salir y dejarme verla".

Hubo una pausa.

La mamá sonrió complacida y me asintió suavemente hacia un bulto invisible en algún lugar detrás de ella.

Y así, lentamente, una pequeña cabecita se asomó apenas por un lado de su madre, lo suficiente para revelar el cabello trenzado que mencioné... y un enorme ojo abierto que me miraba fijamente.

Yo dije: "Mmm... juzgando por ese pequeño ojo, debes tener al menos 10 años". Obviamente era mucho más pequeña, pero lo dije adrede para conseguir que ella saliera y me dijera que estaba equivocado.

Funcionó.

Apareció una niña encantadora con una gran sonrisa y una personalidad aún más grandiosa. "En realidad sólo tengo cinco años, pero mamá dice que cuando tenga diez, me encargaré de los pollos y las cabras". Y bajando la voz y la mirada, como hablando consigo misma, dijo: "Ella dice que todavía no soy suficientemente grande".

Dejé salir una carcajada sonora. Fue refrescante ver tanta inocencia y bondad.

Después de picarla con unas cuantas preguntas más, ella perdió toda traza de timidez. Lo confirmé cuando tomó mi mano y me llevó afuera para enseñarme su gato que "acababa de tener gatitos".

Una niña tan especial... y al mismo tiempo tan ordinaria.

Ella me hizo preguntarme si la Santísima Virgen María sería así de pequeña. ¿Sería también delgadita, morenita, con mejillas sonrosadas y sonrisa deslumbrante? ¿Trataría de permanecer oculta hasta que alguien le hablara... y entonces florecer como una flor con el sol de la mañana? ¿Disfrutaría las cosas pequeñas de la vida – como los pollos, las cabras y especialmente los gatitos – complaciéndose en compartirlas con otros?

Sin importar la respuesta, hay algo de lo que estoy seguro: sería encantadora.

Pero también sería pobre, al menos para nuestros estándares.

Nazaret no era una metrópolis acaudalada, ni gozaba de reconocimiento alguno. Nunca se menciona en el Antiguo Testamento y en los tiempos de Jesús no era apreciada. Cuando Natanael, uno de los doce apóstoles, se enteró que Jesús venía de allí, se sorprendió y dijo: "¿De Nazaret puede salir cosa buena?" Debe haber sido muy pequeña, poco visitada y considerada por otros como anticuada y aburrida. La vida ahí era dura, la gente vivía de la tierra con pocas comodidades.

Seguramente María no sabía leer o escribir. La mayoría de las niñas judías de la antigüedad recibían poca educación más allá de la necesaria para la vida doméstica. Era cercana a su mamá, imitando sus movimientos y tratando de ser lo más servicial posible... en todo sentido, otra pequeña Mariana. Radiante, alegre, inocente, e incluso, algo más... después de todo, el ángel la llamaría lo que era: "llena de gracia".

Desde esa tarde, he encontrado tantas "Marianas", tantos niños de edad y ambiente similar que irradian amor y bondad.

¿Por qué sería diferente María?

Incluso siendo mayor, al momento de su desposorio – la costumbre daba una edad mínima de 12 años, y muchos piensan que ella tenía alrededor de 15 años – ya física e intelectualmente más madura, habría continuado siendo en el corazón, esa niña inocente y encantadora de 5 años.

Un día, Jesús dijo: "si no se hacen como niños, no entrarán en el Reino de los Cielos". María debe haber permanecido como la más pequeña de las niñas ya que no sólo entró en el Reino de Dios, sino que fue nombrada su reina.

Poniendo a María en escena

Cuando me rompí los ligamentos de mi rodilla por segunda vez a los 38 años (esta vez la rodilla derecha, no la izquierda), decidí que era tiempo de dejar el deporte a un lado y dedicar mi vida exclusivamente a leer.

Si disfrutas la literatura, como yo, sabrás que las primeras palabras de una novela son claves para capturar la atención del lector y crear el estado de ánimo deseado para lo que ha de venir. Algunos libros son famosos por sus primeras líneas, como "Historia de dos ciudades" de Dickens:

> "Era el mejor de los tiempos, era el peor de los tiempos, la edad de la sabiduría, y también de la locura; la época de las creencias y de la incredulidad; la era de la luz y de las tinieblas; la primavera de la esperanza y el invierno de la desesperación".

En "Don Quijote de la Mancha" de Cervantes:

> "En un lugar de la Mancha, de cuyo nombre no quiero acordarme, no ha mucho tiempo que vivía un hidalgo de los de lanza en astillero, adarga antigua, rocín flaco y galgo corredor".

Mi favorita viene de Moby Dick de Herman Melville. Es corta, directa e invitante.

"Llámame Ismael".

Con solo dos palabras, Melville presenta al narrador y establece un lazo entre él y el lector. Continúa avanzando en este párrafo introductorio e inmediatamente te sentirás deseoso de acompañar a Ismael en su peligrosa aventura en altamar. No es una voz impersonal ni una tercera persona abstracta. Es un amigo.

Melville, Dickens, Cervantes... fueron artistas, los mejores de su época. Conocían su profesión, la ejecutaban bien y muchas generaciones se han beneficiado de su talento.

Pero incluso ellos están obligados a tomar asiento cuando el Espíritu Santo se planta sobre el escenario. Nadie domina la palabra escrita como Él. Nadie tiene la habilidad de inspirar como Él. La Biblia no sólo es el libro más vendido de la historia (de acuerdo a los récords de Guinness de 1995, se han vendido más de 5 mil millones de copias), sino que contiene la Divina Revelación, plasmada en algunas de las líneas más memorables de todos los tiempos.

¿Existe un mejor comienzo que el que encontramos en la Biblia: "En el principio creó Dios el cielo y la tierra"? ¿Quién no conoce las palabras iniciales del Evangelio de Juan: "En el principio existía la Palabra, y la Palabra estaba junto a Dios, y la Palabra era Dios"?

Por siglos y siglos, teólogos, exégetas y santos han reflexionado y comentado en estas primeras líneas, y aunque constantemente encuentran nuevos significados y aplicaciones, nunca han sido capaces de agotar la fuente. La palabra inspirada de Dios es simplemente de otro nivel.

Y sin embargo, si tuviera que escribir el "Top Ten" de la Biblia, mi elección para el número uno no sería ninguna de las mencionadas. Más bien, escogería la joya de un pasaje del Evangelio de Lucas: la que introduce a la Santísima Virgen María en el corazón de la historia de la salvación.

¿Lo recuerdas? Dice así:

"Al sexto mes envió Dios el ángel Gabriel a un pueblo de Galilea, llamado Nazaret, a una virgen desposada con un hombre llamado José, de la casa de David. La virgen se llamaba María".
(Lc 1,26-27).

Es impresionante no sólo por ser una larga oración – dos versículos completos del Evangelio de Lucas – sino sobre todo por el tentador *crescendo* que se rehúsa a revelar el nombre de la mujer favorecida, hasta la última palabra. ¡Leerlo en el griego original eriza la piel!

Comienza insospechadamente con una referencia al tiempo, y poco a poco va añadiendo todos los detalles pertinentes: mensajero, quien lo envía, lugar, cualidades, lazos familiares. ¿Crea expectación? Sin duda... como un maestro de ceremonias que está a punto de anunciar a la ganadora de un concurso de belleza. Malabareando con el micrófono y el sobre en una mano y tratando de extraer el contenido con la otra, lenta y enfáticamente anuncia: "y la virgen se llamaba..." – pausa dramática... redoble de tambores...

"¡María!"

Hace algunos años Steve Harvey, un comediante famoso, realizó una presentación que podría llamarse "Introduciendo a Cristo". Escribe en el recuadro de buscar en

YouTube las palabras "Introduction to Christ" y será el primer video en la lista. Lo más llamativo es que su presentación no es un acto comedia. Harvey explica que él siempre había soñado con un día poder presentar a Jesús en el escenario del mundo durante su Segunda Venida. Lo que el video muestra es lo que él haría si tuviera esa oportunidad.

Comienza diciendo, "Si tuviera el placer de introducir a Cristo, sería justo así como lo haría... Damas y caballeros... es un honor presentarles hoy a ustedes, etc.". Es inspirador observar cómo saborea ese momento, emocionado con la persona de Jesucristo.

Mientras continúa, nombrando las cualidades y logros del Señor Jesús, nos atrae y nos comparte su misma emoción. Al principio el auditorio está algo confundido y esperando la broma, pero a medida que el comediante continúa y se muestra más y más serio, cada vez más enganchado, sucede lo mismo con la audiencia. Poco a poco, se ponen de pie, aplauden e incluso lloran.

Esto es lo que encuentro en Lucas 1,26-27... a Dios, actuando como un maestro de ceremonias que está encantado de presentar a María.

¿Lo captas?

Quizá ayudaría si lo analizamos palabra por palabra.

i. "Al sexto mes"

Muchos pasajes del Evangelio comienzan con una breve referencia temporal: "al tercer día", "al día siguiente", "estaba cerca la fiesta de la Pascua". A menudo esto tiene un significado simbólico ("al tercer día" por ejemplo, inmediatamente nos hace pensar en la resurrección de Cristo tres días después de su muerte); en otras ocasiones no terminamos de entender por qué se menciona si no es para denotar el comienzo de un nuevo evento en la vida de Cristo.

Cuando aquí leemos "al sexto mes", nuestro primer pensamiento puede ser: "¡Ah! El mes de junio".

Una buena opción, pero muy lejos de ser la correcta.

Para empezar, los judíos tenían un calendario distinto al nuestro. El sexto mes para ellos no era junio, sino el mes de Elul, que corresponde aproximadamente a nuestro septiembre. Pero tampoco es eso a lo que "al sexto mes" se refiere.

Lucas tiene algo totalmente diferente en mente. Él ha dedicado los veinte versículos previos contándonos la larga historia de cómo vino Juan el Bautista al mundo... y todo comenzó seis meses antes con la aparición del ángel a Zacarías en el Templo de Jerusalén.

Conectando las dos historias con su "al sexto mes", Lucas está tratando de dejar claro que se pertenecen. Son dos acontecimientos extraordinariamente similares que, debido a decisiones humanas, terminan siendo opuestos exactos en lugar de imágenes en espejo perfectas. Mientras las posibilidades de éxito recaen con peso a favor del sacerdote de Dios, es la muchachita desconocida de un pueblo insignificante quien sale vencedora. Este hecho sorprendente sirve para resaltar la gracia y predilección de la Virgen María.

En el primer episodio, tenemos a Zacarías. Era un sacerdote, un hombre escogido por Dios. Un hombre con una formación detallada, especializada, que le confería guiar al pueblo en el culto sagrado. Y eso es exactamente lo que estaba haciendo – en el corazón del Templo – cuando se hizo acreedor a una gracia muy poco frecuente: la aparición de un ángel.

El ángel había sido enviado por Dios para decir a Zacarías que sus plegarias habían sido escuchadas y que su esposa, anciana y estéril, concebiría un hijo. Más aun, este hijo sería un profeta. El profeta. El que prepararía el camino para la venida del Mesías.

¿Podría existir un escenario más favorable para escuchar el mensaje de Dios y reaccionar con fe – un hombre de Dios, un lugar sagrado, un ambiente de oración? Y sin embargo, Zacarías arruinó la oportunidad. Él dudó. No pudo creer a sus ojos y sus oídos, no digamos un mensaje tan improbable: ¿Mi esposa embarazada? Pero es de edad avanzada y estéril. ¿Cómo puede ser?

Afortunadamente para él, a pesar de su incredulidad, Dios decidió realizar el milagro de todas formas y lo bendijo con un hijo.

Como castigo para curar su falta de fe, salió bien librado: se quedó mudo... pero sólo por nueve meses. Muchos otros – especialmente en el Antiguo Testamento – hubieran saltado ante la oportunidad de ser tratados con tanta benignidad. Pregunta, por ejemplo, a Uzá. Cuando vio que el Arca de Dios se inclinaba, y estaba a punto de volcarse, extendió su mano para detenerla. Murió de inmediato al caerle un rayo. ¡Nadie toca el Arca de Dios! (cfr. 2 Sam 6,1-8).

Obviamente estos pasajes del Antiguo Testamento deben ser interpretados a la luz del Evangelio para entenderlos plenamente – algo para lo que no tenemos tiempo aquí. Basta decir que esta historia intenta dar fe de la alteridad total y omnipotencia de Dios.

Mientras Zacarías se deleitaba en la Misericordia infinita de Dios y le agradecía por sus abundantes bendiciones, el ángel fue enviado nuevamente a una misión similar. Esta vez a María, en circunstancias totalmente diferentes y con un resultado totalmente distinto.

Te presento a María.

Era mujer (enorme desventaja para esos tiempos y en esa cultura), y sólo una muchachita. Quizá no mayor a doce años. ¿Qué podría saber de Dios y sus caminos?

No era sacerdotisa y tenía escasa o nula formación religiosa. Lo más probable es que no supiera siquiera leer.

En lugar de estar oficiando algún acto litúrgico en un edificio dedicado a Dios, seguramente se encontraba ocupada con sus tareas diarias en su modesta morada en las colinas de Galilea, a kilómetros de distancia de la civilización. Si Zacarías con todos sus dones y talentos no pasó la prueba, ¿podría haber esperanza para ella?

San Bernardo, reconocido monje cisterciense del siglo XII y Doctor de la Iglesia, parece tener sus dudas en una de sus famosas homilías sobre la Anunciación. Contemplando este pasaje del Evangelio, Bernardo imagina a María dudando al escuchar el mensaje del ángel, insegura de su capacidad para realizar una misión tan importante. Poniéndose él mismo en la escena como si fuera el espectador en una obra de teatro y María la actriz principal, Bernardo se dirige a ella:

"Has oído, Virgen, que concebirás y darás a luz
un hijo. Has oído que no será por obra de varón,
sino por obra del Espíritu Santo. Mira que el ángel
aguarda tu respuesta: ya es tiempo de que vuelva al

Señor que lo envió. También nosotros, condenados a muerte por una sentencia divina, esperamos, Señora, tu palabra de Misericordia...

Apresúrate a dar tu consentimiento, Virgen, responde sin demora al ángel...

¿Por qué tardas? ¿Por qué dudas? Cree, acepta y recibe. Que la humildad se revista de valor, la timidez de confianza. De ningún modo conviene que tu sencillez virginal olvide ahora la prudencia. Virgen prudente, no temas en este caso la presunción...”

Afortunadamente para Bernardo y todos nosotros, María no dudó. No dio paso en falso. Su respuesta fue resonante y su virtud victoriosa: “hágase en mí”.

Un día, San Pablo dijo que Dios escoge a los necios de este mundo para humillar a los sabios, y a los débiles para avergonzar a los fuertes. Zacarías con toda su capacidad y preparación, se descubrió inferior al ser colocado al lado de esta humilde niña de Nazaret.

Lucas no pudo evitar entretenerse al considerar estos dos eventos de la historia de la salvación. Se aseguró de enlazarlos para que pudiéramos apreciar con mayor profundidad la magnificencia de María. Una vez más, lo más sencillo resplandece con mayor brillo, recordándonos que la gracia de Dios se encuentra en la base de todo.

ii. Envió Dios el ángel Gabriel

Unas palabras sobre los ángeles.

Los ángeles son seres espirituales, no corpóreos, sirvientes y mensajeros de Dios. Aparecen ocasionalmente en la Biblia, pero se conoce poco sobre ellos. Sólo de tres se menciona el nombre: Miguel, Gabriel y Rafael (así como Satán, el ángel caído). De los casi tres mil artículos contenidos en el Catecismo de la Iglesia Católica, sólo nueve tratan directamente sobre los ángeles (aunque se les menciona de forma superficial en muchos otros).

De acuerdo con Santo Tomás de Aquino, se les categoriza en tres jerarquías que a su vez se subdividen en tres órdenes. La jerarquía más alta se compone de: Serafines, Querubines y Tronos (en orden descendente de rango). La jerarquía intermedia incluye: Dominaciones, Virtudes y Poderes. La menor jerarquía comprende: Principados, Arcángeles y Ángeles.

Los ángeles se distinguen por el tipo de misión que llevan a cabo. Gabriel es un arcángel superior a los ángeles comunes debido a la importancia de su misión y la trascendencia de su mensaje. Fue portador de la comunicación divina más significativa de toda la historia de la salvación: la venida en carne mortal de la segunda Persona de la Trinidad.

El nombre de Gabriel significa "Dios es mi hombre fuerte" o "Dios es mi fuerza". O simplemente podría significar: "la fuerza de Dios".

Tal vez Dios lo escogió entre todos los arcángeles para resaltar el hecho de que sólo el poder divino puede lograr algo tan asombroso como que Dios se haga hombre en el vientre de una virgen. El mismo Gabriel lo sugiere cuando al concluir dice: "nada es imposible para Dios".

iii. A un pueblo de Galilea llamado Nazaret.

Ya hemos referido que Nazaret era un lugar fuera del camino, nunca mencionado en la antigüedad. Debido a esto, la mayoría de los exégetas se quiebran la cabeza cuando leen en el griego original que Lucas llama a Nazaret "polis". La mejor traducción de "polis" es una ciudad-estado, un municipio de población considerable y desarrollo cívico avanzado. Atenas, Roma, Éfeso serían "polis". Nazaret, por el contrario, era solo un grupo de casas a un lado del desgastado sendero. Llamarla una ciudad sería una exageración, incluso para nuestros estándares.

Más aun, cuando recordamos que Roma era el centro del poder y Atenas el centro de la cultura, sería lógico deducir que ahí se encontrarían las mujeres más dotadas e influyentes, mujeres tal vez más calificadas para una tarea tan significativa como ser la madre de Dios. Ciertamente habrían sido paganas y no habrían tenido la formación espiritual requerida, pero entonces ¿por qué no buscarla en la ciudad más grande e importante que Israel tenía para ofrecer: Jerusalén? Era la Ciudad Santa, sede del Templo y llena de profetas, maestros de la ley y hombres de Dios.

Los caminos de Dios, afortunadamente, no son los nuestros.

En Nazaret, el más abandonado de los poblados y el asentamiento humano menos importante, Dios ha encontrado a su elegida, la niña de sus ojos. Él no buscaba talento sino humildad, no requería experiencia o formación, sino docilidad y santidad.

Debe haber sido alguien muy especial para haber cautivado el corazón de Dios mismo.

Quizá, el salmo 45 se refería a ella al decir:

"Escucha, hija, mira, presta oído, olvida tu pueblo
y la casa paterna, que prendado está el rey de tu
belleza" (Sal 45,10-11).

iv. A una virgen desposada con un hombre llamado José, de la casa de David.

Antes de que se revele el nombre de esta especial mujer, se nos concede un poco más de información: ella está desposada con José, de la casa de David. Ella está comprometida y su esposo (aunque el matrimonio no ha sido consumado) tiene ascendencia real. Esto es importante porque siglos atrás, Dios prometió a David que uno de sus descendientes reinaría por siempre. La gente interpretó el significado de esto como que el Mesías provendría del linaje de David y que su reino no tendría fin:

"Y cuando tu vida llegue a su límite y te acuestes
con tus padres, confirmaré después de ti a la
descendencia que saldrá de tus entrañas y
consolidaré el trono de su realeza. Él constituirá
una casa para mi Nombre y yo consolidaré el trono
de su realeza para siempre" (2 S 7,12-13).

Ya que los niños participan del linaje del padre – incluso si son adoptados – el hecho de que José fuera un descendiente de David significaba que alguien de su familia inmediata o lejana sería el Mesías. Este "alguien" es Jesús.

Sobre José sabemos muy poco. Era un "tecnon", palabra griega para referirse a un obrero cualificado. No sabemos dónde nació o cuándo murió. En el Evangelio no hay una sola palabra suya. Después de encontrar a Jesús perdido en el Templo (cfr. Lc 2,41–52) desaparece de la narrativa bíblica.

v. La virgen se llamaba María.

¡María!

¡Finalmente está aquí!

En realidad, es un nombre simple. De origen hebreo, Miriam, su significado es incierto y múltiple. Las traducciones más comúnmente citadas son "mar de amargura", "necedad", "rebelión", "hija deseada", "amada", "amor". Tantos significados posibles traducen el hecho de que María es el tipo o figura de cada mujer y de toda la Iglesia en general. Todos nosotros podemos relacionarnos con ella, todos podemos encontrar en ella algo que amar.

También es un nombre común – incluso en esos tiempos. Por ejemplo, cuando Juan describe la Crucifixión de nuestro Señor, menciona que se encontraban tres mujeres al pie de la cruz, todas con el mismo nombre: María, su madre, María, la esposa de Cleofás y María Magdalena.

Aunque su nombre es tan simple y ordinario, no puedo evitar emocionarme cuando aparece al final de este maravilloso ensamble...

Porque con un nombre viene una persona concreta...

Con un nombre dejamos el umbral de lo abstracto y desconocido...

Con un nombre encontramos a alguien que puede ser amado, apreciado, agradecido y atesorado.

Todo cambia una vez que tienes un nombre... pregúntale a Simón quien se convirtió en Pedro; a Abram que se convirtió en Abraham; o a Saulo quien se convirtió en Pablo.

En el 2013, tuve la gracia de vivir y trabajar en Roma. Fue un momento único y emocionante para los católicos; por primera vez en siglos, un Papa había renunciado a las labores como Obispo de Roma, dejando a la Iglesia batallando para encontrar un sucesor.

Como siempre que los Cardenales se encuentran en conclave para elegir un nuevo Pontífice, el mundo observa ansiosamente. En ningún lugar se puede sentir eso con mayor intensidad que en la ciudad de Roma.

El 13 de marzo, poco después de las 7:00 pm, el humo blanco comenzó a emerger de la chimenea sobre la Capilla Sixtina. Esta era la señal de que un nuevo Papa había sido elegido y la llamada para todos los que viven en Roma para acudir a la Plaza de San Pedro tan pronto como fuera posible – si querían ser parte de la historia. Yo corrí por la Vía Gregorio VII junto con cientos de personas, apresurándome hacia el Vaticano.

Ya en la plaza y todavía sin aliento, comenzó una larga espera. Finalmente, después de lo que parecieron horas (y quizá fueron sólo 30 minutos), el Cardenal Jean-Louis Tauran salió al balcón de la Basílica de San Pedro y declaró: "¡Habemus Papam! ¡Tenemos un Papa!"

Estalló un ensordecedor aplauso, y por un tiempo considerable el Cardenal no pudo continuar. Mientras tanto, nuestra emoción y curiosidad seguían creciendo: "Tenemos Papa, pero ¿quién es?"

Si lo ves en YouTube, verás que una vez que todos se calman, el Cardenal tarda más de medio minuto en leer el nombre, y no porque esté hablando latín... sino por la emoción.

"Annuntio vobis gaudium magnum;
Habemus Papam:
Eminentissimum ac reverendissimum Dominum,
Dominum Giorgium Marium,
Sanctae Romanae Eccleasiae Cardinalem Bergoglio,
Qui sibi nomen imposuit...
FRANCISCUM".

(Les proclamo una gran alegría; tenemos un Papa: el eminentísimo y reverendísimo señor, señor Jorge Mario Bergoglio, Cardenal de la Santa Iglesia Romana, quien ha escogido el nombre... Francisco).

¿Qué tal esto para originar suspenso?

Una vez más, hubo aplausos, abrazos y bueno... un jubiloso desenfreno.

¡El mundo era un lugar asombroso y ser católico era una bendición!

Este es el mismo sentimiento que tengo cuando leo el nombre, María, al final de esa larga oración. ¿Lo sientes tú también?

Es como si Dios tratara de ser tan solemne como fuera posible. Esta no es cualquier niña, y este no es cualquier momento en la historia. Dios quiere darle un lugar prominente:

"Pónganse todos en pie y aplaudan en agradecimiento... la que en nombre de toda la humanidad aceptó voluntariamente la venida del Salvador al mundo... es... María".

Con razón el salmo 45 termina:

"Aparece espléndida, la princesa, con ropajes recamados en oro; vestida de brocados la llevan ante el rey... ¡Haré que tu nombre se recuerde por generaciones, que los pueblos te alaben por los siglos de los siglos!" (Sal 45, 13-14,17)

La experiencia de Gabriel

En una ocasión, un hombre joven vino a verme pues buscaba un consejo sobre una decisión muy importante en su vida. Recuerdo haberle preguntado si había llevado el asunto a Dios en la oración. Su respuesta fue triste, pero típica de la mayoría de nosotros: "Padre... en realidad nunca rezo. Simplemente no obtengo nada de ello."

"Bueno" dije, "¿has considerado alguna vez lo que Dios obtiene de ello?"

La oración es comunicación entre dos personas y Dios está interesado en lo que tenemos que decir. Disfruta pasar tiempo con nosotros y se alegra cuando le damos esa oportunidad. Sin embargo, mucha gente no lo cree. Piensan que la oración es como hacer una llamada de larga distancia en la que el teléfono suena y suena, pero nadie contesta. Ahí estoy yo, hable y hable, pero no hay nadie del otro lado de la línea.

Esto nunca sucede. De hecho, el teléfono ni siquiera alcanza a sonar. Tan pronto como comenzamos a marcar – una vez que dirigimos nuestra atención a Dios – Él ya está escuchando.

A donde intento llegar es a que Dios no es inconmovible, distante o apático. Nos busca, anhela estar en contacto con nosotros y espera ansiosamente pasar con nosotros cualquier migaja de tiempo que le dediquemos.

Cuando entras a una Iglesia y Jesús está ahí en el Santísimo Sacramento, ¿has pensado en lo que Él experimenta cuando te ve? A nosotros nos cuesta creer. Nosotros nos distraemos pensando en otras cosas, nos aburrimos y esperamos irnos lo antes posible.

Él no.

En el momento que entras a una Iglesia, Él se levanta, totalmente absorto en ti. Es como si fueras la única persona en el mundo. Una oleada de amor, una explosión de alegría brota del Sagrario. ¡Él está tan complacido! Anhela entregarse a ti, entrar en tu corazón a través de la comunión. ¡Es el momento de la semana que ha esperado más ardientemente... pero, con frecuencia se queda ahí parado, solo, descorazonado y decepcionado, porque para nosotros la misa es cansada o tenemos mejores cosas que hacer!

La oración no es una calle de un solo sentido. Nosotros no somos los únicos que estamos experimentándola.

Pregúntale a Dios cómo se siente, lo que piensa y lo que Él obtiene de la oración. Pregúntaselo también a María cuando dirigimos nuestra mirada a ella o a cualquier santo. La oración siempre involucra al menos a dos personas.

Si ese es el caso, ¿por qué en el Evangelio de la Anunciación tendemos a enfocarnos solo en María, en lo que ella experimenta, en lo que ella siente?

¿Te has preguntado alguna vez lo que Gabriel pensó de este encuentro?

A él se le dio una misión. Se le indicó ir a Nazaret para encontrar a esta niña. Él sabía que era de vital importancia para la salvación de la humanidad. Pero, ¿conocía en realidad lo que debía esperar? ¿La había visto alguna vez con anterioridad? ¿Quedó impresionado con su belleza y su virtud?

Pareciera ser muy cuadrado y profesional, pero al leer su discurso una y otra vez, alcanzo a notar un dejo de inseguridad, como si estuviera preocupado de asustarla y por tanto no hacerse entender; como si tuviera ansiedad por no convencerla de decir que sí.

¿Qué tal si al mirarla, su santidad y sencillez, su gran hermosura espiritual, le tomaran por sorpresa? ¿Sabía acaso que se encontraba ante su futura reina?

Me gusta pensar que estaba maravillado con la Santísima Virgen, impresionado de que un ser humano pudiera ser tan... "divino".

Este sentimiento me recuerda una experiencia que tuve en Alemania hace varios años. Me encontraba en Stuttgart y tuve la oportunidad de visitar el Castillo de Hohenzollern. Es una fortaleza medieval impresionante en lo alto de una colina desde donde se aprecia la ciudad y todo a su alrededor.

Hollywood no podría haberlo hecho mejor. Contaba con todo y su puente levadizo, torres, calabozo, altas murallas de piedra, banderas multicolores... y todo en perfectas condiciones, como recién construido. (La estructura actual es el tercer castillo construido en el mismo sitio, en estilo gótico, apenas hace 150 años.)

Después de pasear por los jardines, palacios y estructuras militares – la mayor parte del tiempo en total asombro (después supe que este no era el castillo más grande, ni el más hermoso de Alemania... y que existen cientos de ellos) – me encontré con una de las dos capillas reservadas para el culto religioso.

Era un buen momento para hacer un alto y descansar los ojos de todos los objetos que al verlos cortaban la respiración, y también, para dar gracias a Dios por la maravillosa visita. Inmediatamente me dirigí al primer reclinatorio y me arrodillé en adoración silenciosa.

Unos minutos después, al levantarme y darme la vuelta para retirarme, me encontré cara a cara con una imagen de María en colores brillantes que llenaba la pared posterior de la Iglesia. Era absolutamente hermosa y enorme (calculo 2x4 metros), la sorpresa de verla me dejó sin habla. Me derrumbó. El deseo de arrodillarme y rezar se apoderó de mí, y ahí permanecí por largo tiempo.

Cuando menos lo esperaba, ahí estaba la Virgen María en toda su Gloria, emergiendo de las nubes, caminando, llevaba al niño Jesús lentamente hacia mí con una expresión que decía: "ve a darle a ese buen hombre un beso y un abrazo". Fue una experiencia increíble, una que nunca olvidaré... ¡y era sólo una pintura!

Gabriel, ¿cómo te sentiste cuando la viste en carne y hueso? ¿La visión de María te conmovió?

Así quiero pensarlo. Y también me gusta pensar lo mismo de sus acompañantes. Los imagino rodeando a Gabriel en su retorno al cielo, bombardeándolo con un sinfín de preguntas: "¿Cómo era ella? ¿Qué dijo? ¿Cuál fue tu experiencia? ¿Volverás pronto? ¿Cómo hacemos para verla?..."

Asimismo, me gustaría conocer las respuestas... pero tendré que esperar a llegar al cielo para descubrirlas.

Cuando vives inmerso en Dios, ver un ángel no es tan extraordinario.

Cuando Zacarías entró al Templo y comenzó a incensar, no estaba preparado para la visión que le esperaba. La aparición súbita de un ángel, la inesperada manifestación de lo sobrenatural, le dejó asustado y sin aliento (cfr. Lc 1,12).

Esto no debería sorprendernos.

Somos criaturas en un mundo material, acostumbrados a las leyes estables de la naturaleza y a la normalidad repetitiva de la vida cotidiana. Cuando suceden cosas extraordinarias, hechos que no podemos entender o explicar, nuestra primera reacción es el miedo. Ruidos extraños en la noche, figuras no identificadas moviéndose en el bosque, luces misteriosas en el cielo... si no podemos comprenderlo, nos sentimos incómodos e inseguros.

Mientras menos familiarizados estemos con lo sobrenatural y espiritual, más afectados quedaremos cuando estos se manifiesten en nuestra vida.

Por eso es que encuentro refrescantemente sorprendente la reacción de María al ángel.

A diferencia del episodio con Zacarías, el Evangelio de la Anunciación dice explícitamente, dos veces, que no fue tanto la *visión* del ángel lo que la inquietó, sino las *palabras* que pronunció... no tanto su aparición súbita, sino el mensaje que vino a transmitir.

Esto implica que para la Santísima Virgen las gracias sobrenaturales extraordinarias eran de hecho comunes y ordinarias. No me malinterpretes. No creo que María haya visto un ángel antes de este momento, pero sí creo que ella, en las profundidades de su alma, estaba tan estrechamente unida a Dios, que la irrupción de un ser celestial en su vida no era impresionante. Mientras más tiempo pases con Dios, más acostumbrado estarás a lo sobrenatural.

Recuerdo a uno de mis compañeros sufrir de dolor intenso por piedras en los riñones. Nunca las había padecido antes, y la agonía repentina y aguda lo dejó postrado, retorciéndose. Después de varias horas, cuando la piedra finalmente fue eliminada de su sistema, sorprendentemente me dijo que agradecía a Dios por la experiencia. Estando yo de pie, junto a él, con cara de confusión, agregó: "pues sí, es difícil de creer, pero algo sucedió en esas horas de sufrimiento que, honestamente, me hizo sentirme orgulloso de mí mismo. Todo el tiempo que estuve postrado, recé. No fue una oración de desesperación o angustia... ¡sino una oración de intercesión y amor! ¿De dónde vino todo esto? ¿Desde cuándo me convertí en una persona espiritual? Es un consuelo saber que, de hecho, estoy creciendo en la fe y en mi relación con Cristo".

La meditación y misa diarias, incontables misterios del Rosario, horas delante del Santísimo Sacramento... este hermano en Cristo ya no experimentaría más las cosas solamente desde el plano humano. Para él, Cristo estaba presente en todo.

Tal cual era nuestra madre del cielo, María.

Ella vivía en la presencia de Dios. Veía su mano en todo lo que sucedía y en todo lo que la rodeaba. Si un ángel apareciera, no sería normal... pero tampoco sería totalmente inimaginable. Vivir envuelta en Dios la preparó para cualquier experiencia sobrenatural, no importa qué tan "exótica".

Aun así, el Evangelio narra que se turbó. Que las palabras del saludo del ángel la tomaron por sorpresa.

¿Qué fue exactamente lo que dijo?

La humildad asombrosa de María.

El saludo inicial de Gabriel se compone de cuatro diferentes ideas: "alégrate", "llena de gracia", "el Señor está contigo", y "bendita eres entre las mujeres".

La primera y la tercera de ellas (alégrate, el Señor está contigo) se considerarían expresiones normales utilizadas en los encuentros cotidianos, pero la segunda y la cuarta son realmente excepcionales. Por cuestiones de tiempo y ya que son similares, concentrémonos en la segunda palabra: κεχαριτωμένη, (Quejaritomene) "llena de gracia".

Mucho se ha dicho de esta expresión "llena de gracia", especialmente del hecho que sea utilizada aquí más bien como un nombre (sustantivo) y no una descripción (adjetivo).

En algunas ocasiones, Dios en el Antiguo Testamento y Jesús en el Nuevo, volvieron a bautizar a sus discípulos como una manera de comunicar un cambio radical en su vida o la consigna de una misión particular. Ya hemos mencionado a algunos: Abram que se convirtió en Abraham y Simón que se convirtió en Pedro.

No es sorprendente entonces, que Dios se dirigiera a María no con el nombre que recibió de sus padres siendo niña, sino con un nombre nuevo: "llena de gracia". De hecho, es el nombre que mejor la describe. Siglos después, la Iglesia proclamaría el dogma de la Inmaculada Concepción y aseguraría que María nunca conoció el pecado – ni el personal, ni el pecado original. Ella fue, desde el inicio de su vida, llena de gracia y libre de pecado.

Aunque al momento de la Anunciación, ella probablemente no estaba consciente de este hecho. Y esto era lo que le preocupaba, no la presencia del ángel.

¿Por qué?

Porque hasta ese momento de su vida, ella se consideraba una muchacha judía normal. Que le dijeran que estaba lejos de ser ordinaria y ser escogida como madre del Mesías no encajaba con su manera simple de vivir y con la percepción que tenía de sí misma. A sus ojos, ella era simplemente pequeña y la grandeza no era parte de su plan.

Me recuerda una historia que escuché una vez sobre el Padre Pío. Cuando era un joven Capuchino en sus años de formación, tuvo una conversación con su director espiritual en la que, sin darse cuenta, le reveló que había visto con frecuencia a la Santísima Virgen. Cuando el venerable padre espiritual reaccionó con sorpresa y le preguntó por qué no lo había mencionado antes, Pío se sonrojó, bajó la vista y contestó suavemente: "¿quiere decir que no todos pueden ver a la Santísima Virgen?" Él estaba convencido de ser sólo un monje ordinario y que todos tenían experiencias místicas similares.

Yo creo que así se sentía María. Ella no podía creer que era diferente a los demás, no digamos ser "más bendita que ellos".

Con una palabra del saludo del ángel, un abismo se abrió a sus pies. Todo lo que ella anhelaba era vivir una vida sencilla, abandonada a Dios, desapercibida y oculta. De pronto, fue "arrojada" al epicentro del maravilloso plan de salvación de Dios.

Con razón estaba asustada. El plan era inmenso y ella solo una niña. Nada volvería a ser igual.

...

"Llena de gracia" eran palabras mayores, pero las otras tres, contenidas en el saludo de Gabriel también la cimbraron.

María era mujer de oración. Conocía las escrituras de memoria y meditaba en ellas. Por eso cuando Gabriel inicia su saludo: "alégrate, el Señor está contigo, no temas", ella recordó haber escuchado estas palabras anteriormente.

Su mente debe haberse remontado al profeta Sofonías y su famoso oráculo sobre la venida del Mesías y la restauración de Israel:

"¡Grita alborozada Sión, lanza clamores Israel, celébralo alegre de todo corazón, ciudad de Jerusalén! Que Yahvé ha anulado tu sentencia, ha alejado a tu enemigo. ¡Yahvé, Rey de Israel, está en

medio de ti, ya no temerás mal alguno!... No tengas miedo... Yahvé tu Dios está en medio de ti..."
(So 3,14-15,16.17).

Ella debe haber intuido que era la profetizada "hija de Jerusalén" y que el Mesías vendría a través suyo.

¿Cómo será esto posible si no conozco varón?

Cuando Gabriel terminó con lo que tenía que decir, una vez que su propuesta había sido expuesta ante ella, María se detuvo. Se adentró en sus pensamientos, reflexionó y en lugar de una respuesta, contestó con esta sorprendente pregunta: ¿cómo será esto posible si no conozco varón?

¿Sorprendente? Más bien desconcertante, porque, francamente, la pregunta no parece tener sentido. ¿No estaba desposada con José?

Para los judíos de ese siglo, el matrimonio era un proceso de dos etapas. Comenzaba con un contrato formal de unión y terminaba días – incluso semanas – después, cuando el novio venía a recoger a la novia.

Un hombre joven comunicaba su petición a una muchacha y a su padre, en la forma de un Ketubah, un acuerdo de matrimonio escrito. Después le presentaría a la novia una copa de vino. Si ella lo tomaba, significaría que la propuesta había sido aceptada. Desde ese momento, se les consideraba comprometidos, una unión que sólo podía ser quebrantada por causas graves, como el adulterio.

Al retirarse, el novio decía: "Voy a preparar un lugar para ti y volveré cuando esté listo". Y así, partiría a casa (usualmente la casa de su padre) y construiría ahí un cuarto de luna de miel. Una vez que todo estuviera listo, regresaría por su novia en procesión solemne con un grupo de amigos, todos cantando y tocando trompetas.

Por su parte, desde el momento de su partida, ella tendría sus cosas empacadas y listas, esperando ansiosamente su regreso. Entonces el novio se la llevaría, la introduciría a la recámara nupcial y consumaría el matrimonio.

Esta era la tradición. Así era como sucedían las cosas normalmente.

Al momento de la Anunciación, María estaba comprometida – había aceptado el Ketubah – pero aún no vivía con José. Si las cosas continuaban de acuerdo al plan, él pronto vendría por ella y consumarían el matrimonio.

En este contexto se entiende la pregunta de María: "¿cómo será esto posible si no conozco varón?" pues "conocer varón" en términos bíblicos se refería a la intimidad sexual y aunque eran prometidos aún no cohabitaban. Si María se atrevió a hacer esta pregunta y el ángel no la reprendió, ni le reprochó como a Zacarías, entonces debe haber un significado más profundo que no es inmediato ni evidente para el lector promedio. Hacer preguntas a la ligera o mostrar escepticismo ante el mensaje de Dios, no invoca su favor o su bendición.

La pregunta de María no fue admisión de duda alguna y tampoco una pretensión frívola.

La perplejidad de María revelaba una honda preocupación respecto a otras decisiones que ella había tomado en su vida – decisiones que ella pensó estaban basadas en inspiraciones de Dios.

En cierto momento de su infancia ella se percató que su amor a Dios era fuera de lo común. Comenzó a absorberla y a llenarla por completo. Mientras otras niñas de su edad cuchicheaban acerca de los niños locales y fantaseaban con cuál se casarían, María sentía su corazón más y más atraído a Dios. No podía dejar de pensar en Él. Mientras trabajaba, su mente se escabullía hacia asuntos celestiales. Cuando tenía un momento libre, se retiraba a un lugar callado y contemplaba a su Dios.

Por supuesto que le gustaban los niños e incluso se sentía atraída hacia algunos de ellos, pero esta atracción era minúscula en comparación a su deseo de Dios.

Se dio cuenta que estaba siendo llamada a un tipo de vida diferente y que nunca sería capaz de vivir la intimidad del matrimonio. Dios llenaba todo su corazón.

Ella se sintió llamada a la castidad. Rezó acerca de ello, meditó en ello, discernió.

La castidad entonces.

La castidad no era una vocación común en esos días. La mayoría de la gente la miraba con sospecha, si no es que con desprecio, porque traer un hijo al mundo era considerado el signo definitivo de la bendición de Dios.

Juan Pablo II lo explica mejor en una de sus audiencias generales:

"Entonces el matrimonio no era sólo un estado común, sino, además, en aquella tradición había adquirido un significado consagrado por la promesa que el Señor había hecho a Abraham: 'He aquí mi pacto contigo: serás padre de una muchedumbre de pueblos... Te acrecentaré muy mucho, y te daré pueblos, y saldrán de ti reyes; yo establezco contigo, y con tu descendencia después de ti por sus generaciones, mi pacto eterno de ser tu Dios y el de tu descendencia después de ti' (Gen 17,4.6-7). Por esto, en la tradición del Antiguo Testamento el matrimonio, como fuente de fecundidad y de procreación con relación a la descendencia, era un estado religiosamente privilegiado: y privilegiado por la misma revelación. En el fondo de esta tradición, según la cual el Mesías debía ser 'hijo de David' (Mt 20, 30), era difícil entender la idea de la continencia. Todo hablaba en favor del matrimonio: no sólo las razones de naturaleza humana, sino también las del reino de Dios".
(Audiencia General, Juan Pablo II, 17 marzo, 1982).

El Antiguo Testamento lo deja muy claro. Narra varias historias de mujeres, que por no poder tener hijos, sufrían inmensamente y se sentían rechazadas por Dios.

Una de esas mujeres era Ana. Estaba casada con Elcaná, un buen hombre que la quería de verdad. En aquellos días la poligamia todavía era común y Elcaná tenía una segunda esposa: Peniná, quien le había dado varios hijos mientras que Ana permanecía estéril. Este hecho causaba mucha tensión entre ellos. Peniná presumía su fertilidad y mostraba abiertamente a Ana su desdén. En tono burlón le recordaba que los hijos eran una bendición de Dios y algo debía estar terriblemente mal con Ana puesto que no tenía ninguno; que debería hacer una introspección seria para descubrir por qué Dios se había olvidado de ella.

Dichas palabras cumplieron su cometido. Ana estaba inconsolable. Ella sabía que Peniná tenía razón y se torturaba continuamente con exámenes de consciencia... pero no podía encontrar falta alguna contra Dios en su corazón que ameritara tal castigo. ¿Cómo podía arrepentirse si no sabía en qué había fallado?

Elcaná trataba de consolarla. Le recordaba cuánto le quería. La llenaba de cariño... pero sólo conseguía empeorar la situación.

En su desesperación, Ana se fue al templo y rezó entre grandes lamentos. Pedía a Dios un hijo, una y otra vez. Incluso prometió que, de tener un hijo, lo consagraría a Dios y lo dedicaría a servir en el templo.

En aquel momento, Elí, el Sumo Sacerdote, la miró y se compadeció al escuchar el motivo de su apasionada súplica. Alzando sus manos al cielo, Elí la consoló y la bendijo mandándola a su casa e invitándola a confiar en Dios.

Funcionó.

Ana quedó embarazada y dio a luz a un niño. Y no a cualquier niño, sino al famoso profeta Samuel, un hombre que dirigiría a su pueblo y ungiría a los primeros reyes de los judíos.

La historia de Ana nos ayuda a entender la agonía que experimentaban las mujeres incapaces de tener hijos, el rechazo que sufrían, su terrible aislamiento.

Por ello, que María aceptara deseosa la castidad y se olvidara de tener hijos, era contrario a la tradición cultural y por tanto no podía ser una simple inspiración humana. Tenía que ser obra de Dios.

La castidad ahora.

También en nuestros días, la castidad va en contra de lo establecido y es causa de confusión general. Nadie puede vivir este regalo, ni entenderlo de verdad, si no le es concedido por Dios. Por eso Jesús dijo: "Porque hay eunucos que nacieron así del seno materno, y hay eunucos que fueron hechos tales por los hombres, y hay eunucos que se hicieron tales a sí mismos por el Reino de los Cielos. Quien pueda entender, que entienda" (Mt 19,12).

Recuerdo que, siendo un sacerdote joven, durante un vuelo internacional inicié una conversación con una mujer como de mi edad. Pasamos rápidamente de lo superficial a lo sobrenatural y tocamos temas muy personales de su vida. Cuando llegó el momento de separarnos y continuar nuestro camino, me di cuenta que ella no quería despedirse. Me agradeció por el largo rato de confidencias, y tocando mi brazo con suavidad me susurró: "¿es verdad que los sacerdotes no pueden casarse?"

Más que una pregunta parecía una petición que sonaba como: "dime que no es cierto... me encantaría conocerte mejor".

He escuchado esta pregunta una y otra vez. Generalmente se acompaña de cejas arqueadas, silencios incómodos, gestos de incredulidad, miradas de perplejidad.

En la mayoría de los casos va unida a un sentimiento de compasión: "pobre de ti, debe ser tan difícil, qué lástima..." como si la castidad fuera una enfermedad o una maldición.

La castidad, querido lector, no es más que enamorarse de Dios, desear tanto a Dios que ya nada más importa. Vivir la castidad es decir con todo tu ser: "Señor, ¡eres lo máximo! Me llenas por completo y por eso quiero reservarme y todo mi corazón, para ti".

No significa que no encuentre atractivas a las mujeres o que no aprecie el afecto humano. Simplemente significa que una vez que he gustado de Dios, nada más satisface. Nadie más me puede cautivar.

Lo que es más, si no tuviera en alta estima el amor conyugal y si no reconociera el gran regalo que es el matrimonio y la intimidad sexual, no podría ser capaz de vivir la castidad.

Soy casto no porque considere el sexo como algo malo... por el contrario, soy casto porque me doy cuenta del maravilloso regalo que representa.

Cuando opto por abstenerme de la intimidad conyugal, lo que en realidad estoy diciendo es: "Señor, te agradezco por el don de la mujer, su belleza y su inmensa capacidad de amar y ser amada. La valoro y la atesoro... pero te escojo a ti".

Sí, es un sacrificio. El mayor de los sacrificios, superado solo por el martirio (en mi opinión), y por esa razón, es que implica tanto amor. Cuando Abel presentó su ofrenda a Dios, en el capítulo 4 del Génesis, Dios estaba complacido. Abel ofreció lo mejor de lo mejor y Dios lo bendijo. Pero cuando Caín presentó la suya, a Dios le fue indiferente. Caín había entregado lo que le sobraba y Dios no pudo bendecirlo. ¿Quién quiere un regalo mediocre o por compromiso?

¿Puede haber un signo mayor de amor que cuando un hombre consagra su castidad a Dios, voluntariamente y en consciencia?

Por supuesto que no es para todos. Es una gracia especial otorgada por Dios... pero bienaventurados aquellos que lo reciben con gozo y lo viven con amor.

¿Entonces para qué casarse?

Si María había elegido una vida de abstinencia ¿para qué casarse con José? ¿Era algo que ella deseaba o le había sido impuesto? ¿José estaba enterado o ella se lo comunicaría posteriormente?

El Evangelio no responde directamente a estas preguntas, pero es evidente que el matrimonio era la opción más conveniente para la Santísima Virgen. En tiempos bíblicos, una mujer que vivía sola era blanco fácil de marginación o abuso, mientras que el matrimonio ofrecía estabilidad y seguridad. Si escogiera quedarse soltera sería objeto de murmuración, menosprecio y crítica constante. Su familia lo sabía y seguramente la presionarían para casarse.

Me imagino que ella sentía que se encontraba en una situación difícil. Ni ella misma sabía cómo podría vivir la castidad en un mundo que básicamente no lo permitía. Pero también creo que su fe y confianza en Dios eran inmensas. "Si Dios me inspira a seguir este camino, Él me ayudará a encontrar una solución".

Y es aquí cuando José entra en escena.

Cuando contemplamos a esta santa pareja, debemos recordar que eran seres humanos, con un corazón y deseos humanos. Anhelaban amar y ser amados. No eran ángeles, seres puramente espirituales; y tampoco eran robots, máquinas frías y sin emociones. Eran humanos.

Quizá podríamos decir que eran más humanos que cualquiera de nosotros, por ser tan buenos y amorosos. Fueron capaces de demostrarse afecto y disfrutar de la compañía del otro. Tuvieron largas e íntimas conversaciones acerca de la vida, Dios, su hijo... Después de un largo día de trabajo, José seguramente esperaría con ansias esas horas tranquilas con María, una cena preparada con amor o un tierno beso en la frente antes de dormir.

Si la Iglesia insiste en que la Sagrada Familia es el modelo para todas las familias y matrimonios, forzosamente tienen que haberse amado... mucho... más que cualquier otra pareja. Para ser punto de referencia para otros, tienen que haber sido el más perfecto ejemplo. Y es interesante que lo hayan logrado sin vivir la intimidad conyugal.

¿Y esto qué significa?

La intimidad sexual, uno de los más grandes regalos que Dios ha dado al hombre, es una manifestación sublime del amor, pero no es la única.

Cuando Jesús define el amor en el Evangelio de Juan, no habla de sexualidad. Para Jesús el amor es: "amarse los unos a los otros como yo los he amado", es decir, "dar la vida por el amado". Para Cristo, el amor es mucho más que una emoción, es la donación total de uno mismo. Es hacer todos los sacrificios necesarios por quien se ama.

Las relaciones sexuales dentro del matrimonio son una de las formas de expresar esta donación. Un hombre entrega a su esposa todo su ser – cuerpo, alma y corazón – y ella lo acepta total e incondicionalmente. Ella también se entrega a él de manera definitiva y exclusiva y así el amor conyugal se convierte, como ha dicho el Papa Francisco, en un "sacramento" – un signo, presencia viva – del amor trinitario de Dios.

La sexualidad es una forma hermosa, solemne y santa de amar y donarse, pero repito, no es la única. A veces en el matrimonio, el abstenerse de la intimidad sexual puede ser una señal de amor incluso más fuerte. Por ejemplo, cuando la esposa está enferma o atravesando un momento difícil. Puede ser que su marido tenga un enorme deseo de expresar su amor sexualmente, pero al ver su dificultad, decide que puede amarla mejor tomando su mano, acompañándola y ofreciéndole consuelo.

María y José expresaron su amor mutuo precisamente de esta manera, absteniéndose de la intimidad sexual. Eso no significa que no se amaran intensamente, que no se necesitaran uno a otro o que no vivieran una relación profundamente afectiva.

A mí me gusta pensar que José, siendo un hombre joven, llegó a esa etapa de la vida en la que todos le decían que ya era tiempo de casarse. Pero él no se sentía listo. No estaba seguro.

Por un lado, cuando rezaba experimentaba sentimientos fuertes y apasionados, percibía una moción insistente en su corazón de entregar su vida a Dios. Pero por otro, había puesto sus ojos en una muchacha joven, María de Nazaret.

Ella era hermosa. Era amable.
Era todo lo que él buscaba en una mujer.

Y sobre todo, era pura... santa. No podías estar cerca de ella sin sentir que era de otro mundo. ¡Ella era tan increíble!

Cada vez que José la veía, su corazón se aceleraba. Cuando se atrevía a mirarla a los ojos, tenía que bajar inmediatamente la mirada. Se sonrojaba y tartamudeaba, preguntándose cómo Dios podía haber creado algo tan maravilloso.

¡Estaba tan confundido!

Su corazón se dividía entre dos pasiones aparentemente opuestas. Si se casaba, sería con ella, pero ¿qué hacer con ese deseo persistente de conocer y amar más a Dios?

Tal vez sería buena idea hablar con ella de sus sentimientos. Quizá ella entendería y podría ayudarle.

Dos vocaciones misteriosamente entretejidas

Una tarde, tocaron a la puerta de María. Era José, con una botella de vino y un rostro encendido de emoción.

Le preguntó si podía hablar con ella... y tuvieron una larga conversación.

José comenzó hablando de la primera vez que la había visto... de las mariposas en su estómago... de cómo pensaba que ella era la criatura más hermosa que había visto... y que deseaba pasar con ella el resto de su vida.

María lo interrumpió y admitió sentir algo por él... que si pudiera, él sería el escogido, pero tenía que ser honesta. Ella sentía una llamada especial a vivir en unión con Dios. Era algo que había surgido meses atrás, pero se intensificaba cada día. ¿Cómo podría aceptar su proposición teniendo la intención de permanecer virgen? No sería justo.

María habló de su anhelo de Dios, lo que sentía cuando rezaba, de cómo buscaba el silencio y se perdía con frecuencia en la alabanza y adoración. Ella quería que él entendiera lo que sucedía en su alma, buscaba su afirmación y apoyo.

José la escuchaba sentado, y al hacerlo pudo comprender por primera vez lo que él mismo estaba experimentando. Todo lo que María decía, describía perfectamente lo que él llevaba en el corazón. ¿Sería posible que Dios le hubiera inspirado dos fuertes deseos y pudiera vivir ambos? ¿Dedicarse completamente a Dios... y a María?

Por fin él entendió. Comprendió que su lucha en común era una señal de Dios.

Se dio cuenta que estaban llamados a vivir juntos como hombre y mujer, pero en castidad.

Tenerla cerca y compartir su vida era suficiente. Servirla sería su felicidad, aprender de ella a amar a Dios, su más grande gozo.

Eran dos almas hechas una para la otra.
Dos amantes que elevarían su afecto humano a la sublimidad de lo sobrenatural y vivirían como ángeles en la unión nupcial.

¡Sus familias estarían felices!

Y ¡dejarían de chismear!

Se dedicarían a amarse y a amar a Dios.

Así que José se lo propuso... y María dijo: "sí".

...

Los años pasaron y su relación se intensificó, sus amigos y vecinos no lo podían creer. "¿Cómo puede ser que una pareja se ame tanto? Normalmente el fuego se apaga después de los primeros años... pero estos dos parecen recién casados permanentes".

Quedaba demostrado en la manera como se miraban y los pequeños detalles que tenían el uno con el otro todo el tiempo. Se hacían bromas y reían, tenían conversaciones profundas y rezaban juntos llenos de fervor. No hubo jamás otra pareja que se amara tan desinteresadamente, con tanta pureza y profundidad. Debido a una gracia única y extraordinaria de Dios, por su gran sensibilidad espiritual y el amor por su Creador como prioridad, habían dejado a su padre y a su madre para convertirse en un solo corazón y una sola mente... sin jamás convertirse en "una sola carne" (cfr. Gen 2,24).

¿Puede una inspiración inequívocamente cierta no ser de Dios?

Cuando José había concluido la visita y María había aceptado su proposición, ambos quedaron asombrados ante la maravillosa acción de la Providencia de Dios. José regresó a su casa dando de brincos, como intoxicado, y María pasó casi toda la noche de rodillas en gratitud con lágrimas de felicidad rodando por sus mejillas.

En este contexto es fácil entender por qué María se turbó con el mensaje del ángel. Después de tanta paz y gozo, cuando al fin había encontrado una solución al acertijo que confundía su corazón, ¿qué podía significar que el ángel le dijera que daría a luz un hijo? Todo se había aclarado al hablar con José, y ahora el ángel estaba echando todo a perder.

De vuelta al inicio.

¿En verdad esto es lo que Dios quiere? ¿Su inspiración (y la de José) a vivir en castidad era sólo un espejismo? ¿Su profunda convicción de que el llamado venía de Dios era una simple ilusión? ¡Parecía tan real, tan improbable que estuviera equivocada!

Con toda seguridad podríamos llamar a la interpretación de María de abstenerse de la intimidad conyugal, una luz de Dios. San Ignacio clasificaría este tipo de revelación como "el primer tiempo, para hacer sana y buena elección". Cuando escribió sus Ejercicios Espirituales en el s. XVI, quería proporcionar a los cristianos no sólo los medios para la conversión y el crecimiento espiritual, sino también para poder tomar decisiones de vida confiables y seguras.

Después de años de minuciosa introspección, identificó tres posibles "tiempos" o situaciones en las que una persona podía encontrarse al tener que hacer opciones fundamentales de vida. El primer y más convincente momento es cuando "Dios nuestro Señor así mueve y atrae la voluntad, que sin dudar ni poder dudar, el alma devota sigue a lo que es mostrado, así como San Pablo y San Mateo lo hicieron en seguir a Cristo nuestro Señor" (Ejercicios Espirituales, 175).

Aquí, Ignacio se refiere a una inspiración especial que viene de lo alto, que es tan luminosa y convincente, que es imposible dudar lo que ha de hacerse. Utiliza el ejemplo de San Pablo y San Mateo. Pablo era un perseguidor de la Iglesia en sus inicios, pero se convirtió instantáneamente por la milagrosa intervención de Cristo Resucitado. Siendo arrojado al piso y envuelto en una luz cegadora, escuchó la voz de Cristo que lo llamaba a dejar el pasado atrás y a convertirse en un misionero cristiano. Ante la presencia de un llamado tan invencible, Pablo cambió de vida por completo y concedió ser transformado en el más intrépido de los apóstoles.

La historia de Mateo es similar. Estando sentado a la mesa de los impuestos, Jesús pasó y le dijo "sígueme". La invitación fue tan clara y tan poderosamente persuasiva, que él también, dejándolo todo, de inmediato lo siguió.

Yo también tuve una experiencia similar cuando era un estudiante de universidad en búsqueda de sentido y de metas en mi vida. Dios se cruzó en mi camino y me llamó de una forma tan evidente que supe instantáneamente lo que tenía que hacer.

Era el último día del año 1985. Había decidido visitar el seminario de los Legionarios de Cristo en Cheshire, Connecticut. Meses antes, dos de mis mejores amigos habían dejado su casa y su familia para unirse a la Legión y yo no había tenido oportunidad de despedirme. Sabía que eventualmente saldrían del país para continuar con su formación, así que me decidí a viajar a la Costa Este para desearles lo mejor en persona.

Varios jóvenes más visitaban también el seminario y todos fuimos invitados a pasar el día en oración para dar gracias a Dios por sus innumerables bendiciones.

Fue un día maravilloso.

Uno de los sacerdotes nos dio una charla espiritual. Nos dieron tiempo de sobra para la oración y la reflexión personal. Incluso hubo oportunidad para confesarse, algo que tristemente me era muy necesario y que me hizo mucho bien.

Al caer la noche, hacia el final del retiro, nos unimos a los hermanos para rezar el rosario frente al Santísimo, solemnemente expuesto.

Llegué antes y fui el primero en la capilla. Al hincarme en el último reclinatorio, en la penumbra, me inundó un sentimiento de profunda serenidad, algo que nunca había experimentado antes. Estaba en paz con Dios... y me encantaba.

En ese momento, el H. Michael (uno de los amigos que mencioné) entró en la capilla portando sotana, su hábito religioso, y se dirigió a los reclinatorios de adelante. Mientras le seguía con una mirada semiconsciente, algo extraordinario sucedió.

Escuché una voz interior.

Bueno, no era exactamente una voz. Era un pensamiento. Pero era un pensamiento especial. Un pensamiento que parecía venir de fuera de mí y que, además, se acompañaba de un sentimiento de... lo mejor que puedo describirlo es: dulzura intensa. Como si alguien derramara miel sobre mí.

Y el pensamiento era este: "¿por qué no quieres ser como él (como el H. Michael)?" En otras palabras: "¿por qué no quieres entregar tu vida a Cristo como sacerdote?"

Quedé estupefacto. Fui tomado por sorpresa. Derribado.

Lo había pensado en el pasado, pero la idea siempre me hizo sentir incómodo y temeroso. Evitaba el tema a toda costa, aunque repetidamente le decía a Dios que yo haría lo que Él quisiera... si Él me ayudaba a ver con claridad lo que eso era.

Esta era su respuesta. Después de tantos años.

Tan poderosa y convincente que era imposible dudar que viniera de Dios. Tan seductora e intoxicante, que no pude resistirme.

Jeremías dijo "me has seducido, y me dejé seducir" (Jer 20,7). Exactamente esa fue mi experiencia.

Arrodillado y perdido en esa sensación, no era consciente de nada más a mi alrededor.

No recuerdo haber visto a los demás entrar en la capilla. No creo haber rezado el rosario con ellos. Tampoco tengo memoria de la bendición final o de cuando los hermanos fueron saliendo lentamente hacia el vestíbulo.

Solo recuerdo una intensa felicidad y mi respuesta repetida: sí.

A veces, simplemente lo sabemos.

En ocasiones nuestro sentimiento hacia algo es tan fuerte que ya no hay lugar a dudas. Esta fue la experiencia con mi vocación sacerdotal... y esta fue la experiencia de María con respecto a su llamado a la castidad.

Por eso tuvo que preguntar "¿cómo puede ser esto?" Lo que una vez entendió con absoluta claridad, estaba siendo aparentemente descartado por el mensaje de Gabriel.

Una vez que Gabriel entendió la razón de su inquietud, rápidamente disipo su temor: "No temas María. El Espíritu Santo vendrá sobre ti y el poder del Altísimo te cubrirá con su sombra". En otras palabras, esto no será un asunto de relaciones humanas, sino una intervención divina. No tienes de qué preocuparte. No tienes que hacer nada. Sólo di que sí y Dios se encargará de lo demás.

Sí. Fiat.

La tradición suele interpretar el diálogo entre María y el ángel como una proposición divina en espera de una respuesta humana, pero curiosamente, en ningún momento del discurso Gabriel formula una pregunta. Él le informa a María lo que va a suceder. Obviamente ella debe consentir, pero en realidad, él nunca plantea una interrogante.

No era necesario.

María comprendía lo que estaba pasando. Ella sabía lo que tenía que hacer.

Con gran fervor se echó de rodillas y extendiendo sus brazos dijo con suavidad "He aquí la esclava del Señor. Hágase en mí según tu palabra".

En ese momento el ángel desapareció.

En ese momento el Espíritu descendió sobre ella, como el antiguo Espíritu que aleteaba sobre el agua en el amanecer de la creación (cfr. Gen 1,2).

Y era bueno. Era muy bueno.
El estar en la presencia de Dios.
Conocer su voluntad.
Decir que sí.

Una contemplación de la Anunciación

Si alguna vez has hecho una contemplación ignaciana de la Anunciación, quizá hayas tenido la misma experiencia que yo.

Recordarás que, en la introducción de este libro, hablaba de la contemplación como una forma de oración que nos permite revivir la gracia que empapa cada uno de los eventos de la vida de Cristo. Comienzas por recrear la escena con la imaginación, el lugar donde sucedieron los hechos y los objetos centrales del mismo. Después observas a las personas involucradas, escuchas lo que dicen y ves lo que hacen. Es como hacer una película mental del Evangelio y está reconocido como un medio válido para la unión con Dios.

Una de mis contemplaciones favoritas es precisamente la Anunciación. Ha sido una fuente de gracia a lo largo de mi vida y me ha ayudado a cultivar mi amor filial por María. Permíteme describírtela.

Me imagino un cuarto pequeño, algo oscuro por la ausencia de luz exterior, sin piso de losa y carente de muebles – sólo algunos cojines y utensilios de cocina. Una joven se encuentra al centro, arrodillada en el piso, más bien sentada en sus talones, desgranando maíz. Cada determinado tiempo, junta la harina de maíz en una canasta y repite el proceso.

Es bella, inocente y pura, está totalmente absorta en su tarea. Y también está sola.

Yo me encuentro en una esquina, oculto en la oscuridad, pero capaz de observarlo todo.

De repente aparece un ángel. Tiene forma humana, pero está envuelto de luz, lo que hace imposible distinguir sus rasgos. María está visiblemente sorprendida. El maíz cae de sus manos y con sus brazos sobre el pecho se agacha inclinándose.

Cuando el ángel comienza a hablar, ella levanta la cabeza y fija su mirada en él. Su cara de sorpresa hace evidente su lucha por entender el mensaje.

La escucho hacer una pregunta, pero su voz es tan suave que no distingo las palabras. Algo como "no conozco varón".

El ángel vuelve a comenzar, esta vez explicando el papel que jugará el Espíritu Santo, disipando cualquier confusión o duda. María continúa mirándolo con ojos llenos de sorpresa. Toda ansiedad ha desaparecido. Se encuentra tranquila y solemne.

Levanta su cabeza y echando su cabello hacia atrás, cierra los ojos y extiende los brazos. En esa pose receptiva de bienvenida, abre sus labios y pronuncia las palabras que cambiarían el curso de la historia: "hágase en mí".

El ángel se esfuma poco a poco hasta desaparecer, pero María continúa envuelta en una luz que viene de arriba, como si recibiera de lo alto un baño de gracia divina. Ella llora, sus ojos permanecen cerrados y sus brazos abiertos. Sigue ahí de rodillas, inmóvil, sin percatarse de su alrededor.

Después de un largo tiempo, más de cinco minutos, ella baja sus brazos, abre los ojos y se pone de pie.

Y entonces me descubre...
... y es cuando mi oración se vuelve totalmente personal, única... e inesperada.

Abriendo nuevamente sus brazos corre hacia mí, me abraza y se suelta a llorar. Lágrimas de alegría, pero también de agotamiento tras la emoción tan abrumadora.

Mi camisa está empapada y yo sorprendido de la fuerza de su abrazo, pero no quiero dejarla ir. Ella tampoco; necesita dejar salir todo.

Así que poco a poco me siento – sin soltar el abrazo – hasta que después de un buen rato, se queda dormida. ¡Imagínatelo, la Santísima Virgen dormida en mis brazos! ¡Lo que no daría por consolarla!

Es tan pequeñita... tan liviana.

La sostengo un rato más y cuando me convenzo de que duerme, con gentileza la llevo a su cama y la acuesto a dormir.

...

Es curioso a donde te puede llevar tu imaginación cuando a través de la oración de contemplación, invitas a Dios a reinar.

Nunca me he sentido tan cercano a María como en esa meditación – una que repito con frecuencia. Lo que más me sorprendió fue que nunca antes había meditado de esa manera; nunca había pensado en dirigir mi imaginación a una intimidad tal con la Santísima Virgen. Fue como si alguien más lo imaginara por mí y yo fuera un simple espectador.

Ese día comprendí que no soy un desconocido, ni una persona lejana a la Santísima Virgen. Soy parte de su familia. Soy su hermano y soy su hijo.

Si después de un momento tan determinante en su vida, ella corrió hacia mí sin dudar y me pidió que la sostuviera, es porque me considera una persona de lo más cercana.

No estoy solo.

Todos y cada uno de nosotros, somos familia de María. Todos somos sus hijos. Para ella no hay extraños.

Ese día, me quedé pensando por qué María se había conmovido tanto... por qué necesitó que la abrazara. No tardé en encontrar la respuesta: María experimentaba algo que yo nunca podré. Estaba experimentando la maternidad. En su vientre se encontraba un ser humano vivo, en crecimiento y ella no podía contener su felicidad.

¿Cómo se siente una mujer en el momento preciso que se percata que está embarazada?

Una vez le pregunté a alguien y me dio esta linda respuesta:

"El día que me enteré que estaba esperando fue inolvidable. Tanto, que guardé la prueba de embarazo.

Saber que inicias una nueva etapa en tu vida, escuchar por primera vez a ese corazoncito latir, sentir como se mueve en tu interior, sus patadas, y ver cómo tu vientre va creciendo, son de los momentos más mágicos que he vivido desde entonces.

Había esperado tantos años para tener un bebé – mi esposo y yo lo habíamos intentado tanto. Lloraba sin razón... simplemente había tanta pasión.

Un día le dije a mi marido, 'es ahora o nunca. Hoy quedaré embarazada y quiero que sea un niño.' (Me encontraba en mi primer día de ovulación y dicen que es cuando es más probable que sea niño).

Parece mentira, pero después de ese día me olvidé por completo de ese momento y de mis deseos de ser madre... hasta que un día todo comenzó a oler y a saberme diferente, y lo más importante, mi periodo se había retrasado.

Sin comentarle a mi esposo, fui a la farmacia y compré tres pruebas de embarazo. Tenía miedo, de hecho, temblaba. Fui al baño y para mi sorpresa, las tres pruebas dieron positivo.

Comencé a llamar a mi esposo a gritos. Él vino corriendo, pensando que la casa se incendiaba o algo así. Cuando le enseñé las pruebas, quedó paralizado. Ambos lloramos, nos reímos, luego lloramos otra vez... y después hacíamos las dos cosas al mismo tiempo. Y nos abrazamos por lo que parecieron horas.

Habíamos iniciado una nueva vida como padres. Me sentía en las nubes, llena de vida y de energía.

Por varios días lo mantuvimos en secreto y poco a poco comenzamos a decirles a la familia y a los amigos. Es increíble lo felices que nos ha hecho un hijo. Ha cambiado nuestras vidas. Sin ser más grande que un grano de arroz en mi vientre, yo lo cuidaba y lo amaba con pasión. Hoy, ese pequeño grano de arroz tiene cuatro años.

El día que descubrí que estaba embarazada no se borrará jamás de mi memoria... así como todo lo que he vivido desde ese día con mi pequeño hijo".

Estos eran los sentimientos de María.

Tenían que ser. Y si esta pequeña niña de Nazaret, un simple ser humano, se encontraba tan extasiada, me pregunto...

...¿qué sentía Dios?

Contándole a José

Una vez que el ángel se retira, el Evangelio narra que María se dirigió con prontitud a la región montañosa de Judá a visitar a su prima Isabel. Esta secuencia de eventos está envuelta de misterio y una vez más, el Evangelio nos deja con muchas preguntas y pocas respuestas.

¿Cuál fue la razón para que se fuera tan pronto? ¿Era para confirmar con sus propios ojos lo que el ángel le había dicho de Isabel? ¿O porque pensaba que podía encontrar en ella alguien en quien confiar... alguien que también estaba experimentando lo sobrenatural de una forma extraordinaria?

A muchos les gusta pensar que estaba rebosante de alegría por la bendición a Isabel y partió con rapidez para poder compartir su felicidad y ayudarle en sus necesidades femeninas... el prototipo del cristiano que pone al otro en primer lugar y festeja sus triunfos.

¿Con quién habló para organizar este viaje? Siendo un itinerario de cinco días, era muy improbable que pudiera hacerlo sola. Por su seguridad, trataría de encontrar una caravana que fuera en esa dirección.

¿Le habrá comentado algo a José? Este carpintero sencillo aún tiene que aparecer en la narración de Lucas y no lo hará hasta que inicie el viaje con María desde Nazaret a Belén. Lucas escribe los hechos con tanta simplicidad que pareciera que todo sucedió en un clima de paz y de acuerdo a lo planeado.

Mateo difiere.

En los últimos versículos del primer capítulo de su evangelio, explica como José decide no continuar con el matrimonio, sino más bien dejar a María en secreto.

Ya que ella se fue tan rápido, yo pienso que de inicio, ella no le informó a José lo que había pasado. Este drama debe haberse desarrollado hasta que ella volvió. Si ese fue el caso, su gran conversación con José debe haber transcurrido algo así:

Cuando María regresó de su estadía en la región montañosa de Judá, tenía tres meses de embarazo. Gracias a la vestimenta de la época – holgada y abundante – es poco probable que se le notara. Pero eso no impidió que ella fuera inmediatamente con José a contarle lo que estaba sucediendo. Él sería su compañía en esta santa misión, a la par que ella, llevaría la carga con ella. Dejarlo en la ignorancia no era una opción.

Ella sabía que debía actuar pronto. Desde su compromiso, José había comenzado a trabajar arduamente en la construcción de su cámara nupcial en la casa de su padre. Seguramente la habría terminado ya. En poco tiempo estaría dirigiéndose en procesión a su casa – ¡sería el colmo que no conociera su situación hasta entonces, sin una advertencia o explicación previa! Mejor acudir pronto para hablar con él a solas... darle la oportunidad de decidir lo que él quisiera hacer... darle tiempo para rezar al respecto.

Ver a los dos jóvenes susurrando, sentados en banquillos fuera del taller de José (a la vista de todos para mantener la discreción) puede haber parecido romántico para los que pasaban por ahí, pero nada sabían de la trascendencia de lo que se discutía y el tormento del que era objeto José.

María llevaba su velo en público, como hacían todas las mujeres comprometidas, su cabeza agachada mientras buscaba con calma las palabras apropiadas. Confiada pero ansiosa, sabía que lo que tenía que comunicar estaba más allá de lo natural y sólo podría ser entendido con la ayuda de Dios, y sabía que Él nunca la dejaría.

José estaba más inquieto. Él amaba a María. Era hermoso contemplarla, maravilloso sentarse a su lado, relajante escucharla. Pero el hecho de que acudiera tan intempestivamente a verlo era algo fuera de lo normal, un mal presagio. Su primer pensamiento fue: "debe haber un problema".

Y lo había.

"José, estoy esperando un hijo".
"Tengo tres meses de embarazo".

Él pensaba dejarla

Hay dos teorías principales con respecto a José.

La primera afirma que José pensó que María le había sido infiel. O bien ella le explicó lo sucedido y él no le creyó, o no le entendió porque ella no precisó los detalles, o María nunca habló con José y él se enteró por alguien más. En cualquiera de estos casos, José sería incapaz de aceptar la explicación sobrenatural, pero no tenía el corazón de condenar a muerte a María ya que "era justo y no quería infamarla" (Mt 1,19). Algo dentro de él no podía conciliar la idea de María siendo infiel. Simplemente no lo podía creer. Pero ya que tampoco podía entender, era mejor desentenderse del asunto y mandarla lejos.

La otra me convence más. Según ella, María explicó con detalle lo que había pasado y aunque José le creyó, lo sobrepasó. No se sentía digno ni capaz de ser el padre adoptivo del Mesías. Pensó que sería mejor decirle a Dios que no se sentía capaz y pedirle que encontrara otra opción.

De cualquier forma, María regresó esa tarde sola a su casa... y su corazón estaba inundado de tristeza. Ella verdaderamente amaba a José y lamentaba el dolor que le había causado. También estaba nerviosa con respecto a su futuro, sería una madre soltera en una cultura inflexible y quizá en un lugar lejano – dependiendo a dónde la mandara José.

Pero nunca perdió la fe.

Una vez en casa, continuó con los preparativos para su vida con José, no desempacó sus pertenencias. No sabía lo que ocurriría, pero no se dio por vencida.

José se quedó en casa en estado de shock. No discutió con ella. No la acusó. Le pidió que se fuera... necesitaba tiempo para pensar. Necesitaba rezar.

¿De qué otra forma reaccionarías a algo tan extraño, tan inesperado, tan inverosímil? Sólo se quedó allí, aturdido, mirándola partir... incluso ahora, ella se veía tan bella mientras desaparecía al doblar la esquina.

"¿Qué significa todo esto? ¿Puedo realmente creer que su 'estado' es obra de Dios? De acuerdo a la Ley, ella es una adúltera y debería ser apedreada. No lo puedo entender. Esto es demasiado para mí. Tal vez debería alejarme y ya".

El sueño

A José le tomó mucho tiempo poder cerrar los ojos esa noche. Daba vueltas en la cama y nunca estuvo totalmente seguro de haber conseguido dormir. Simplemente no podía dejar de pensar. En su mente, repetía y analizaba sin parar toda la conversación. No es fácil digerir información de esa magnitud.

En algún punto soñó con el ángel. Lo vio hablando con María y escuchó el diálogo acerca del Mesías. La vio llorar y sintió su soledad. Todo era muy vago e irreal; de pronto María desapareció y el ángel se volteó directamente hacia él. Fue entonces cuando el sueño tomó una nueva dimensión.

Sí, el Evangelio dice que fue un sueño. Pero no el tipo de sueño del que te despiertas para darte cuenta de que fue sólo eso, un sueño. Fue algo distinto.

Cuando José abrió los ojos, sintió que el sueño era más real que la realidad misma. Era tan tangible y convincente, que simplemente supo que el ángel en verdad le había hablado. No podía negarlo. Y con las palabras del ángel le sobrevino una sensación de profunda paz y fuerza sobrenatural.

Era evidente lo que tenía que hacer. Ya no había más dudas. Se levantó rápidamente de su cama, pulió su trompeta y llamó a sus amigos. Era un gran día para una procesión nupcial y ¡cómo se sorprendería María!

"¡Qué bella eres, amor mío, qué bella eres!"
(Cant 1,15).

María también durmió muy poco. Sin importar lo sólida que pueda ser la fe, los sentimientos son sentimientos. Vienen y van cuando les place y no pueden hacerse a un lado con un simple acto de voluntad. María se sentía muy triste. Sabía que ella y su situación eran la razón de que José estuviera atravesando un momento muy difícil. Era una persona tan sensible y cariñosa que ver el sufrimiento de otros le causaba gran mortificación... ¡cuánto más si sabía que era por su causa!

Esa mañana se levantó tarde. Cuando abrió los ojos, lo primero que vio fueron sus cosas empacadas al pie de la cama... las cosas que se suponía se llevaría cuando José viniera por ella. Una lágrima escapó de sus ojos, ya de por sí hinchados y enrojecidos, y rodó por su mejilla.

Junto a sus cosas estaba su vestido de boda. Había pertenecido a su madre. Lo levantó con cuidado y lo apretó contra su pecho. Inhaló profundamente y pudo percibir el aroma de flores silvestres. Soñando con el futuro, suspiró y le dijo a Dios que seguía confiando.

De pronto, el sonido de una trompeta la despertó de su ensoñación y con un brinco, se puso de pie. Entonces se produjo un segundo repique y corrió a la ventana. Ahí, en la colina, se veía una procesión serpenteante de hombres jóvenes, avanzando entre las casas, despertando a todo el pueblo con sus estridentes cantos y resonantes trompetas. Se dirigían a su casa... ¡y José los guiaba al frente!

¡Bendito sea Dios en su magnífica providencia y misericordia!

¡Adiós a las lágrimas! ¡Adiós a las preocupaciones! Las nubes se habían disipado. Dios había obrado un milagro y toda la naturaleza se regocijaba: el sol se levantaba, los pájaros cantaban, las flores florecían. La primavera había llegado a esa casa.

"María, María" gritaba él mientras tocaba con insistencia a la puerta, "he venido por ti y quiero llevarte a casa". Ella no lo hizo esperar. Abrió la puerta y salió a la luz. Su rostro estaba radiante, sus ojos brillaban. Se había puesto su vestido de novia y nunca antes había habido una novia tan hermosa. Las Escrituras seguro se referían a ella cuando dijeron "la reina a tu derecha con oro de Ofir" (Sal 45,10). "Viste de lino y púrpura... vale mucho más que las piedras preciosas... su marido hace su alabanza: ¡hay muchas mujeres valiosas, pero tú las superas a todas!" (Pr 31).

José la tomó en sus brazos y la apretó con fuerza. Ella abrió sus labios para hablar, pero él los tocó con su índice pidiéndole que permaneciera en silencio." Todo está bien, no es necesario decir nada. Entiendo. Debe hacerse la voluntad de Dios. Tenemos una misión por cumplir... juntos".

Entre aplausos y gritos de júbilo de todo el pueblo, se abrazaron nuevamente – para entonces, todos habían venido a tomar parte en la celebración. ¡Habría una boda en Nazaret y todos estaban invitados! ¡Qué día más glorioso!

II. EL NACIMIENTO DE JESÚS

Se llevaba a cabo un censo.

Tal vez el censo era algo normal para la Roma imperial, pero no para Israel. Todo era más complicado en este lugar remoto: cada judío tenía que registrarse en la ciudad de donde era originaria su familia. Eso significaba que José tenía que dejar Nazaret e ir a Belén, donde nació su antepasado, David. Parece algo exagerado para nuestra época, sobre todo si consideramos que era un viaje de varios días y la mayoría tenía que hacerlo a pie.

Lo que me cuesta trabajo entender es ¿por qué María fue con él si tenía nueve meses de embarazo? ¿No podía José cumplir esta consigna sin ella?

La respuesta obvia es que el Mesías debía nacer en Belén – desde hacía varios siglos, existía una profecía que lo predecía – y eso requería que María estuviera ahí tan pronto como fuera posible. Por eso, ella definitivamente lo acompañaría.

Si ese fuera el caso, entonces ¿por qué esperaron hasta el noveno mes de embarazo? ¿Y por qué el Evangelio nos da la impresión de que realmente no tenían la intención de hacer el viaje y el censo les parecía una obligación pesada?

Seguramente conocían la profecía acerca del nacimiento del Mesías en la ciudad del Rey David. Todos la conocían – menos Herodes, que fue criado como judío, pero era de padre Edomita. Aunque a él parecían no preocuparle las Escrituras o profecías, a la mayoría de los judíos sí.

Estaban esperando – anhelando – la inminente llegada del Mesías. Esto se evidencia en un pasaje del Evangelio de Juan que documenta una discusión acalorada sobre el origen de Jesús:

"Muchos de los presentes que habían oído estas palabras, comentaban: 'Éste es verdaderamente el profeta.' Otros decían: 'Éste es el Cristo.' Pero otros replicaban: '¿Acaso va a venir de Galilea el Cristo? ¿No dice la Escritura que el Cristo vendrá de la descendencia de David y de Belén, el pueblo de donde era David?'" (Jn 7,40-42).

Estas personas no eran ni fariseos, ni sacerdotes o escribas. Era gente ordinaria. Tal vez no podían recordar cada línea de la Escritura, pero tenían muy presentes los pasajes que se referían a la venida del Mesías. Después de todo, era un pueblo subyugado que esperaba ansiosamente la liberación de los romanos y se aferraban a cualquier rayo de esperanza.

Por eso cualquiera podía recitar el siguiente texto:

"En cuanto a ti Belén Efratá, la menor entre los clanes de Judá, de ti sacaré al que ha de ser el gobernador de Israel; sus orígenes son antiguos, desde tiempos remotos" (Mi 5,2).

¡Incluso un simple carpintero y su esposa!

Entonces... ¿conocían la profecía? Sí. ¿Consideraron ir a Belén? Forzosamente. ¿Entonces por qué estaban de acuerdo?

A lo largo de todo el ministerio público de Jesús, Él nunca se autoproclamó Mesías. Era muy cauteloso con el título en sí, porque los judíos tenían una opinión distinta de lo que el Mesías debía ser o lo que debía lograr. Jesús evitó el tema por completo y esperó que sus enseñanzas y milagros les llevaran a un entendimiento más profundo y espiritual de su esencia y su misión. Yo pienso que María, desde un inicio, tuvo la misma intuición.

De acuerdo a lo que el ángel le comunicó, ella no estaba segura de que Jesús sería el Mesías guerrero del que todos hablaban. El ángel le llamó "Hijo de Dios", lo que implicaba una misión mucho más espiritual. Tal vez lo mejor era no ir a Belén. Quizá no era conveniente forzar la situación. Si Dios los quería en Belén, los llevaría a Belén.

Decidieron esperar una señal.

Y ésta no tardó en llegar.

Una tarde, José fue a la ciudad por un encargo. Pero regresó rápidamente, ansioso y emocionado, gritando: "¡María, María!" Había llegado a Nazaret la noticia de que habría un censo y todos debían registrarse en la ciudad de origen de su familia.

María soltó las telas que cargaba. Intercambiaron miradas de sorpresa. María suspiró: "la profecía". José asintió y sonrió, "sí, la profecía".

Ahí estaba su señal. Ya no hubo necesidad de pensarlo más. Aunque María no estaba en condiciones óptimas para viajar, la voluntad de Dios era evidente y ella sabía que Él le daría la fuerza.

Dios habla en los eventos de nuestra vida cotidiana, todo el tiempo... si es que tenemos oídos para escuchar. El sol naciente comunica: esperanza, un nuevo comienzo, amor y alegría; una suave llovizna: vida, crecimiento y nutrición. La llamada inesperada de un amigo que está lejos nos recuerda que somos amados; cuando encontramos poco tráfico interpretamos que Dios piensa en nosotros y quiere hacer nuestra carga ligera. Incluso los momentos difíciles o negativos contienen mensajes, invitaciones a la paciencia, fortaleza y fe.

Si vivimos en atención amorosa, todo se convierte en don y en comunicación de Dios... incluso el edicto presuntuoso de un poder extranjero invasor.

Mientras estaban ahí, se le cumplieron los días

La tradición popular nos dice que María y José llegaron a Belén justo a tiempo, con María ya en trabajo de parto, tratando de aguantar un poco más mientras José busca afanosamente un lugar decente y privado para que ella diera a luz. Buscó en la posada, pero no había sitio para ellos, así que tuvo que conformarse con un establo.

La realidad de una posada en tiempos bíblicos difiere de la idea que nos viene a la mente cuando escuchamos la palabra. En lugar de un edificio de varios pisos con un conserje que asigna habitaciones individuales, la posada que encontraron María y José debe haber sido un espacio cerrado rodeado de patios abiertos con piso de losa discretamente elevado del nivel del suelo. No había portero y no cobraban por ocupar un pequeño espacio disponible de piso – si es que lo había. Más bien, los viajeros pagaban por los alimentos y otras necesidades.

María y José no tuvieron suerte ese día. Muchos habían llegado a Belén por el censo y la posada estaba a reventar. Incluso si hubieran encontrado un espacio suficiente para los dos y sus pertenencias, con tanta gente apretada y empujando alrededor, no hubiera sido el apropiado para algo tan íntimo y sagrado como dar a luz.

Si alguna vez has utilizado el transporte público de una ciudad en la hora pico de tráfico, te puedes dar una idea. Eso quiso decir Lucas con "no tenían sitio en el albergue".

Es interesante que la palabra griega que Lucas usa para "posada" también significa cuarto de huéspedes. La única otra vez que Lucas utiliza esa palabra es cuando Jesús envía a los apóstoles a preparar el lugar donde celebrarán la cena de Pascua: "¿Dónde está la sala donde pueda comer la Pascua con mis discípulos?" (Lc 22,11).

Este otro sentido de la palabra, combinado con la frase enmascarada en el capítulo 2, versículo 6: "mientras estaban ahí", se podría interpretar como que la Sagrada Pareja ya llevaba unos cuantos días en Belén, y que se habían quedado con parientes en uno de los cuartos de huéspedes libres. El hecho de que María diera a luz en un establo significa que había más de una familia ocupando dicho cuarto y que ella prefirió el único lugar tranquilo y privado que quedaba en la propiedad: la cueva donde guardaban los animales.

En cualquiera de los casos, el mensaje que el sagrado autor nos quiere dar es que Jesucristo, Hijo de Dios, Rey de Reyes, Señor de Señores, nació en la pobreza y condiciones extremadamente humildes. Vino a nosotros como un bebé, indefenso y necesitado; no como un hombre maduro en toda su gloria y poder.

Jesús vino porque quería estar tan cerca de nosotros – de cada hombre – como pudiera. No vino como un juez a condenar, o como un amo poderoso para ejercer su autoridad.

Vino a ser sostenido, a ser amado. No a asustar sino a inspirar ternura.

Dio a luz a su hijo primogénito. Lo envolvió en pañales y lo acostó en un pesebre.

Esto es todo lo que Lucas tiene que decir acerca del nacimiento más importante de toda la historia. Tan pocos detalles, tan escueta descripción. Resume la aparición de Dios en la carne con escasos tres verbos.

Quiero pensar que pasó horas insistiendo a María para que le diera más información, más detalles o fenómenos sobrenaturales que llamaran la atención. El hecho de que no mencione nada de esto envuelve el nacimiento de Jesús en un misterio profundo.

Sabemos que Jesús fue bebé. Una vez que vio la luz, fue tratado como cualquier otro niño. Como todos, fue envuelto en cobijas para mantenerlo caliente y restringir el movimiento de sus extremidades (probablemente para evitar que se volteara y se asfixiara). Como eran pobres, no tenían cuna, así que lo acostaron en lo único que encontraron: el pesebre de donde comían los animales.

Si reflexionamos en los detalles del nacimiento de cualquier bebé, quizá nos daremos una idea de lo que sucedió en la noche de Navidad.

¿Cómo se ve un bebé normal?

Tal vez te imagines un bebé sano, regordete, bien formado y de mejillas sonrosadas. Casi nunca es el caso. La mayoría de los recién nacidos son muy pequeñitos, necesitan ser limpiados y secados. Su cabeza suele estar puntiaguda por su paso a través del canal del parto. Esto es solo temporal, recuperando su forma redondeada en unos cuantos días. Te sorprendería darte cuenta lo grande que es la cabeza en comparación por el resto del cuerpo. También es posible que el bebé se vea contraído por haber mantenido sus miembros doblados mientras estuvo en el vientre.

Observa los pequeños dedos de manos y pies de tu bebé, las uñas que son tan delgadas como un papel y a veces tan largas. ¡Tantos detalles en algo tan pequeñito!

La piel del bebé cambia. Al principio puede ser rosa, enrojecida e incluso morada. Algunos bebés nacen con una cobertura serosa y blanquecina – *vernix caseosa* – que protege al bebé de la exposición constante al líquido amniótico en el útero. Se remueve con el baño.

Algunos bebés nacen muy arrugados, otros cubiertos de una capa de vello fino llamado lanugo, que suele desaparecer en unas semanas. Algunos pueden tener manchas blanquecinas o salpullidos.

La apariencia física del bebé cambia dramáticamente con el tiempo – y para bien. Sus extremidades crecen y se fortalecen. Su piel tiene un aspecto más sano.

Jesús fue un bebé. Se desarrolló en el vientre como cualquier otro bebé y probablemente tenía la mayoría de estas características.

¿Qué hace un bebé en su primer día?

Muchos padres se sorprenden al ver a su bebé recién nacido tan alerta. Abre sus ojos grandemente. Estudia las caras de los que lo rodean, especialmente sus padres. Reacciona y se voltea hacia las voces y los sonidos que escucha. Comienza a utilizar sus sentidos, incluyendo el tacto y el olfato.

Llorará, dormirá y te mirará directo a los ojos, aunque su visión sea aun borrosa. Si pones tu dedo en la palma de su mano, lo agarrará con fuerza.

Y sobre todo, querrá comer.

Al principio estará muy despierto, pero después probablemente duerma por 24 horas. Es importante despertarlo para alimentarlo cada 2 o 3 horas.

¿Te imaginas la sonrisa de María cuando miró esos grandes ojos cafés por primera vez y descubrió que le devolvían la mirada? ¿O la sonrisa de José cuando el niñito Jesús se aferró a su dedo sin soltarlo?

¿Qué siente una madre?

Tener un bebé, especialmente el primero, es una experiencia que cambia la vida. No se puede menospreciar su importancia. Por tanto, no te sorprendas de que pases por una amplia gama de emociones: de la euforia a la ansiedad, de la preocupación a desbordante alegría. Los sentimientos cambian súbitamente sin previo aviso.

Como madre, te habrás sometido a un esfuerzo físico intenso. Te sentirás exhausta y como padres, ambos sufrirán los efectos de la falta de sueño.

Todos los padres reaccionan diferente. Algunas madres olvidan el dolor del parto en cuanto ven a su hijo por primera vez. Otras se sienten inyectadas de energía después de sostener a su bebé. Y algunas, por el contrario, experimentan tristeza, melancolía o depresión postparto.

Estoy seguro que María y José estaban extremadamente cansados después del viaje desde Nazaret y de la tensión derivada del esfuerzo por encontrar un lugar tranquilo para el nacimiento de Jesús. Era un regalo de Dios poder colocar al niño en el pesebre y tener unos momentos para dormir... aunque los pastores llegarían pronto al lugar pidiendo amor y atención.

¿Qué experimentaban la familia y los amigos?

Seguramente tú querrías comunicar a todo el mundo las buenas noticias, pero es una buena idea tomárselo con calma el primer día. Llama a tu familia inmediata y amigos más cercanos y pídeles que avisen a los demás. Eso te permitirá pasar más tiempo con tu nuevo bebé y con tu esposo(a).

También es bueno que los abuelos y hermanos conozcan a este nuevo integrante de la familia y comiencen a crear lazos con él desde el primer día. Pero por precaución, evita una procesión de visitantes entrando y saliendo de la habitación. Permite que ese primer día sea tranquilo y simple.

Limita el número de visitas en las primeras semanas para evitar exponer al bebé a una infección.

A excepción de los pastores, según el recuento del Evangelio, María y José disfrutaron solos del bebé por un tiempo considerable. No hay mención de ningún pariente presente, ni del gozo que habrían compartido con la orgullosa pareja.

Tío/Tía por primera vez.

También esta experiencia puede ayudarnos a contemplar el nacimiento de Cristo. Ya que todos somos parte de su familia, Jesús probablemente nos vería asumiendo ese rol si apareciéramos al lado de su cuna. Tomaré prestadas las palabras de una jovencita que se había convertido en tía por primera vez.

"Es temprano en la mañana y el bebé Juanito acaba de llegar al mundo. Es el primogénito de mi hermana pequeña y mi primer sobrino.

Estos días han estado llenos de emociones intensas. Por un lado, estoy TAN contenta por su llegada, y por otro, me da tristeza no poder estar más cerca de él y abrazarlo más.

Nunca había sido tía antes, y ¡la experiencia es increíble! Ver a mi pequeño Juanito tan hermoso, chiquito y rosita... Se siente como si fuera mi propio hijo. Es extraño. Siento que es tan mío como un hijo de mi propiedad. Lo puedo disfrutar, pero no tengo que preocuparme de las tareas difíciles como educarlo.

¿Por qué me siento tan feliz si no es mi hijo? Constantemente me hago esta pregunta. Me hace darme cuenta cuánto quiero a mi hermana. Creo que puedo decirle lo que sea, que cuento incondicionalmente con su apoyo. Me conoce por dentro y por fuera y por eso puedo abrirme totalmente a ella. No cambiaría por nada del mundo esta relación tan cercana que tengo con ella".

¡Trata de cultivar estos sentimientos hacia Jesús y la Virgen María! ¡Intenta sentirte así de emocionado porque nuestro Hermano, Señor y Salvador nos ha nacido en un niño!

Y es que... debe haber habido algo muy especial.

Aunque al ojo humano Jesús pareció un niño normal, los padres de la Iglesia aseguran que este nacimiento estuvo envuelto de misterio y aunque no se especifique en el Evangelio, debe haber habido elementos muy especiales. Uno de ellos se infiere del dogma de la Iglesia que sostiene que María fue virgen, antes, durante y después del nacimiento de Jesús. Podemos entender lo que significa ser virgen antes y después, o sea que María nunca tuvo relaciones. Pero ¿durante?

Tal vez, la mejor manera de entenderlo es con la imagen que algunos Padres de la Iglesia utilizan: "Jesús emergió del vientre de María tal como la luz pasa a través de un cristal" sin dañarlo ni modificarlo. En otras palabras, su nacimiento no causó ningún cambio físico en María que pudiera sugerir la pérdida de su virginidad.

De la misma manera, aunque no se menciona específicamente, uno puede concluir que permanecer virgen incluso en el alumbramiento, se refiere al hecho de que no sufrió ningún dolor. El catecismo guarda silencio a este respecto. Sería un hermoso regalo de Dios y el recuerdo de cómo podrían haber sido las cosas si el hombre nunca hubiera pecado.

Imagen de la Eucaristía.

Por último, después de abrazarlo tiernamente y cubrirlo de besos, lo acostó en un pesebre. Este gesto amoroso está lleno de un bello simbolismo. María no se aferró a él en actitud egoísta; lo colocó en el pesebre para nosotros... como una imagen de la Eucaristía, para ser compartido, para ser "comido". Como el granjero pone avena o heno en el pesebre para que el ganado se alimente, María puso al niño Jesús en el pesebre invitándonos a todos a "tomar y comer"... como hace el sacerdote con la Eucaristía para aquellos que se acercan al altar.

Tampoco es una coincidencia que en hebreo, Belén signifique "casa de pan".

Una contemplación del nacimiento.

Era una tarde gris de diciembre. Había estado predicando todo el día un retiro para los hermanos novicios (Legionarios en sus primeros dos años de formación), y a pesar de todos mis esfuerzos, no había logrado darle el toque final a mi última conferencia. ¡Era desesperante! No me sentía inspirado. Ya había dirigido cuatro meditaciones sobre la preparación de la Navidad y quería terminar con una meditación conmovedora sobre el nacimiento, pero no conseguía darle vida.

Y ya era la hora. Todos estaban esperándome en el auditorio. Frustrado, tapé mi pluma y gruñí: "ni modo, está un poco aburrida, pero tendrá que bastar". Tomé mi cuaderno, salí de la oficina y me dirigí al pasillo.

El corredor estaba oscuro. Toda la casa estaba a oscuras. No es de sorprenderse a las 6:00 de la tarde en diciembre, en Alemania. La única iluminación que guiaba mis pasos era la tenue luz nocturna en la parte inferior de las paredes.

Caminé desanimado dejando atrás los dormitorios, todavía buscando una idea novedosa que le pudiera dar vida a lo que quería decir, cuando de pronto me detuve. Uno de los hermanos había dejado su puerta abierta. No había nadie ahí. La luna brillaba a través de la ventana y llenaba la habitación con una luz azulada suave. Me impactó el vacío (lo único que tienen en sus cuartos es una cama y un buró) y el silencio. En esa quietud y ausencia de cosas materiales, la casa entera parecía estar en tal paz, que simplemente disfruté el momento.

Y fue cuando me golpeó. Surgió la idea para una maravillosa contemplación navideña.

Ahora caminando de prisa, llegué al auditorio y entré. Pedí a todos que se sentaran... tenía noticias de suma importancia... que tal vez no creerían, pero se las comunicaría de todas formas.

Se sentaron con caras de sorpresa, sin comprender lo que sucedía. Se suponía que era un momento de oración y el padre estaba evidentemente agitado. Algo andaba mal.

"Hermanos. Nuevamente, puede que no me crean, pero cuando iba cruzando el pasillo no pude evitar ver que uno de ustedes había dejado la puerta de su cuarto abierta. Pensé que no había nada de extraordinario y simplemente iba a cerrar la puerta.

Pero cuando me acerqué, me sorprendió ver a un hombre parado en el umbral. Era alto, grande, con una prenda larga que parecía más un sarape o cobija que un abrigo. Me daba la espalda y su mirada estaba clavada en un punto dentro de la habitación.

Confundido por no saber quién era o por qué estaba en la casa, tratando de no alarmarle, le susurré por detrás: 'disculpe...'

No pudo escucharme, así que hablé más fuerte y puse mi mano en su hombro.

Se dio la vuelta, desorientado, como si hubiera despertado de un sueño, pero con una sonrisa deslumbrante y ojos grandes llenos de alegría. Su barba oscura estaba bien cuidada y su cabello caía suavemente sobre sus hombros.

No dijo nada. Solo asintió y se hizo a un lado invitándome a acompañarle. Cuando pasé, no pude evitar notar el bastón en su mano derecha y que llevaba sandalias... en diciembre.

Recuerdo que pensé ¿quién es este hombre y por qué piensa que debe estar aquí? ¿Qué es lo que quiere enseñarme con tanto entusiasmo y por qué no al menos se presenta? Yo estaba perplejo... y nada preparado para lo que vería cuando entré al cuarto".

Antes de que se los describa, debo mencionar que los cuartos de los hermanos tenían forma de L y originalmente se hicieron con la intención de alojar dos a cuatro ocupantes. Dejamos una sola cama, retirando todo lo demás, por lo que había varios metros libres antes de llegar a la puerta. Al entrar se veía esta mitad del cuarto y era necesario doblar a la derecha para ver la otra mitad.

"No me preocupé de voltear a la derecha; estaba hipnotizado por lo que encontré frente a mí: una mujer joven... más bien una niña, recostada en la cama, con las cobijas hasta la cintura. Al principio no se percató de mi presencia pues estaba absorbida en el pequeño bebé que sostenía en sus brazos, envuelto en una manta.

Al acercarme, levantó su vista y me saludó con la misma sonrisa radiante que el hombre me había dirigido en la puerta. Ella se veía tan en paz, tan... santa, que no pude evitar sentirme como un intruso en mi propia casa. Quería decir algo, pero no encontré palabras. Iba a retirarme, pero descubrí que no podía moverme.

Fue entonces cuando volteé hacia la derecha y vi una pequeña fogata en el suelo (¡eso costaría trabajo limpiarlo! Y seguramente causaría algún daño). Pero me sorprendió más ver a un muchachito – se veía como un pastorcito salido de una tarjeta navideña – inclinado junto al fuego... y detrás de él cuatro o cinco hombres (estaban entre sombras y no pude distinguirlos) que eran como versiones adultas del muchacho, con las mismas ropas y ademanes. Uno cargaba un cordero y estoy seguro que había un borrego escondido detrás.

Nadie dijo nada.

Nadie me notó. Tenían sus ojos fijos en la mujer y el niño. De no ser por el crujir del fuego, el silencio era absoluto.

Busqué mi teléfono – nadie creería esto sin fotografías – pero me di cuenta que lo había dejado en mi habitación. Fue entonces cuando la mujer levantó al bebé desde su pecho y me hizo un gesto para que lo tomara en mis brazos.

Yo dudé.

El hombre de la puerta me animó con un pequeño empujón.

Di tres pasos y me incliné sobre un niño de lo más hermoso. Sus ojos estaban abiertos y sonreía. Una pequeña manita se extendió para agarrarse de mi pulgar. Lo tenía en mis brazos. Era suave... y tenía ese olor a bebé recién nacido.

No soy bueno con los bebés. Yo soy grande. Ellos son pequeñitos. Son frágiles... yo no.

Este bebé era diferente.
No quería soltarlo.

José se acercó desde la puerta (Sí, era José... y ahora es evidente quién era toda esta gente). Nos sentamos juntos en la cama, a un lado de María: él a mi derecha, ella a mi izquierda. Y me abrazaron mientras yo sostenía al niñito Jesús.

Me sentía tan bien. Realmente sentía que pertenecía ahí... como parte de la familia.

Después hermanos, recordé que ustedes me estaban esperando aquí (perdón por el retraso). Miré mi reloj y me disculpé. Les pregunté si podía venir a llamarlos, y asintieron (casi no hablaban).

Regresé al bebé con su mamá y... aquí estoy.
Así que, ¿qué estamos esperando? Vamos".

Tal vez esta historia parezca un poco melodramática para un grupo de hombres jóvenes, pero en esa tarde hacia el final del Adviento, funcionó. Les dije que cada uno debía regresar a su cuarto, que no prendieran la luz y que trataran de imaginar cómo vendría el niñito Jesús al mundo si naciera en su cuarto.

Esto es la contemplación.

Si se hace con fe, si se hace con amor, garantiza la participación de las mismas bendiciones – incluso los mismos sentimientos – recibidos por aquellos que realmente vivieron los eventos originales.

¿Por qué no lo intentas? Si Jesús naciera en tu cuarto, ¿cómo imaginarías la escena?

Recuerda que cada contemplación debe terminar con un coloquio, una oración breve hecha a Dios, a Jesús o también a María o a José. Yo terminé mi contemplación así:

Señor, es tan bueno tenerte aquí. Estoy feliz de que hayas escogido mi cuarto para nacer esta Navidad. Tal vez no sea el más bonito, y quizá yo no sea tan bueno o tan amable como José, tu padre putativo, pero sí quiero amarte como él lo hizo. Bendíceme, Señor. Enséñame a creer en tu amor infinito por mí.
Gracias.

III. MARÍA EN LA CRUZ

Obviamente María sufrió a los pies de la cruz. Algunos dicen que no, porque ella sabía que Cristo resucitaría de entre los muertos. Esta suposición extraña es contraria a nuestra experiencia cotidiana. Cuando un niño tiene gripa o se rompe un hueso, aunque su madre sepa que se va a recuperar pronto, sufre al verlo sufrir.

María era madre y era viuda. Jesús era su único hijo. Era todo lo que tenía en el mundo.

Ella sufrió.

Cuando a un anciano le llega la hora de la muerte después de una larga y dolorosa enfermedad, es casi un alivio. Cuando la muerte llega inesperada o violentamente a un niño sano, es una tragedia. ¿Cuánto más si llega a un hijo como Jesús, que era todo amor, amabilidad y bondad?

Sería una bendición contar con el testimonio de María, su recuento sobre lo que experimentó aquel día. Hubiera sido una gracia que los evangelistas nos hubieran dado una visión más profunda de su alma. Desafortunadamente, el Evangelio no elabora mucho sobre la participación de María en la pasión de Jesús. Juan le dedica dos versículos, los sinópticos la dejan totalmente fuera. Todo lo que tenemos es el siguiente fragmento:

> "Junto a la cruz de Jesús, estaban su madre y la hermana de su madre, María, mujer de Clopás, y María Magdalena. Jesús viendo a su madre y junto

a ella al discípulo a quien amaba, dijo a su madre: 'Mujer, ahí tienes a tu hijo.' Luego dijo al discípulo: 'Ahí tienes a tu madre.' Y desde aquella hora el discípulo la acogió en su casa" (Jn 19,25-27).

¿Qué podemos aprender del corazón de María si esto es todo lo que tenemos como guía?

Yo creo que todos disfrutamos la técnica de "flashback" (retrospectiva) que utilizó Mel Gibson en su película La Pasión de Cristo. En varias ocasiones, durante los momentos de sufrimiento y tensión extremos, Gibson interrumpe la acción e inserta una escena breve y en ocasiones conmovedora, sobre el pasado de Jesús. Mi favorita es cuando está tan absorto en la construcción de una mesa que olvida contestarle a su madre cuando lo llama a almorzar. Fue emotivo ver que ella lo regañara por no lavarse las manos y la manera en la que él responde, salpicándola con agua.

Estos flashbacks rompen con el abrumador estrés de la película, también nos permiten ver el lado más humano de María y las ocurrencias de Jesús.

Sin importar lo bien ejecutado de la técnica, no es invención de Gibson. A lo largo de las Escrituras, existen muchos flashbacks, aunque deberían llamarse más bien "flashforwards". Muchos se encuentran en el Antiguo Testamento, que está lleno de imágenes y símbolos que dejan ver los eventos que ocurrirán después en el Evangelio. San Agustín lo dijo muy bien cuando comentó que "el Nuevo Testamento está latente en el Antiguo y que el Antiguo Testamento está patente en el Nuevo".

También existen estos "flashforwards" en el Nuevo Testamento, eventos que ocurren en el Evangelio que nos permiten entender mejor otros pasajes dentro de sus mismas páginas.

Tal es el caso en Lucas 7,11-17

"A continuación, fue Jesús a un pueblo llamado Naín. Lo acompañaban sus discípulos y una gran muchedumbre. Cuando se acercaba a las puertas del pueblo, sacaban a enterrar un muerto, hijo único de una viuda. La acompañaba mucha gente del pueblo. Al verla el Señor se compadeció de ella y le dijo: 'No llores.' Luego acercándose, tocó el féretro, y los que lo llevaban se pararon. Dijo Jesús: 'Joven, a ti te digo: Levántate.' El muerto se incorporó y se puso a hablar, y él se lo dio a su madre. El temor se apoderó de todos y alababan a Dios diciendo: 'Un gran profeta ha surgido entre nosotros' y 'Dios ha visitado a su pueblo.' Y el suceso se propagó por toda Judea y por toda la región circunvecina".

Jesús acababa de dejar Cafarnaúm. Caminó aproximadamente 50 kilómetros para llegar a Naín, y lo acompañaba una multitud de seguidores. Todos querían estar con Él. Todos querían acercársele, tocarle, llamar su atención y ser vistos. Algunos venían corriendo detrás, sonriendo y aclamándolo. Otros, desde los lados del camino gritaban admirados cuando pasaba y después se unían al grupo. Era famoso. Tenía un don. Su palabra los llenaba y los hacía felices. El simple hecho de estar cerca de Él causaba entusiasmo.

Y así marchaba este grupo jubiloso, cantando y aplaudiendo, causando impresión en todos a su paso, dejando una estela de paz y felicidad... y de pronto, se acabó. Otro grupo de similar número se dirigía hacia ellos, saliendo del pequeño pueblo de Naín. Este grupo no era una banda alegre. Vestían de negro, estaban de luto. Aquí no había canciones, ni aleluyas, ni hosannas. Sólo había suspiros, lágrimas y llanto.

Jesús se quedó inmóvil. Todos detrás de Él quedaron en un silencio incómodo, casi avergonzados de haber mostrado tanta felicidad.

Se encontraron cara a cara con el cortejo fúnebre. Había muerto el hijo único de una madre viuda.

El choque de dos mundos: color, alegría y vida contra palidez, tristeza y muerte.

Jesús se incomodó. Es difícil evitarlo cuando uno se encuentra con tanto dolor.

Celebro misas de difuntos con cierta frecuencia y aunque puedo estar de muy buen ánimo cuando voy de camino al velatorio, en cuanto entro, algo en mí cambia instantáneamente. Siempre. Es como caer en un abismo profundo y oscuro. Sin importar mis sentimientos inmediatamente previos, la tristeza que flota en el ambiente es más poderosa.

Jesús acababa de entrar en las turbulentas aguas de los lamentos y olas de pesar comenzaron a inundar su alma. Los sollozos incesantes de la madre, las lágrimas de las mujeres, los rostros sombríos y desanimados de los hombres, todo sería razón suficiente para apachurrar cualquier corazón; pero había algo más que sobrepasaba el duelo de un cortejo fúnebre. Jesús veía algo que los demás no percibían. Una realidad distante, de mayor trascendencia. Sus ojos y su mente volaban lejos, a otro lugar, a otro tiempo.

Toda esta escena hizo que se transportara hasta el Calvario. Algo en esta mujer le hizo pensar es su futura muerte. Ella era una mujer como cualquier otra. No había nada especial en su edad, estatura, color de cabello o su discreto encorvamiento. Incluso sus lamentos y lágrimas eran las esperadas para una mujer en su situación. Pero, era viuda. Su esposo había muerto. Y la persona que yacía en el ataúd era su hijo, su único hijo, el único amor que le quedaba. Y lo iban a enterrar.

Si Lucas hubiera estado presente, o si Juan hubiera estado más cerca en ese momento, tal vez hubieran escuchado a Jesús mascullar una sola palabra: Madre.

Jesús amaba a su mamá. Los unía un lazo que no podía existir entre otras dos personas. Cuando Jesús contempló la escena anterior, no vio a una mujer anónima de edad avanzada. Vio a su propia madre. Sus ojos se transportaron a otro hijo único, a quien se le arrebataría la vida de forma cruel e injusta, siendo descendido de una cruz y colocado en un sepulcro. Vio a su madre parada al pie de la cruz por horas, digiriendo en silencio cada golpe, cada insulto, cada dolor.

Mientras observaba a la mujer siguiendo el féretro, pudo ver todo el sufrimiento que su propia madre tendría que soportar después. Y se asombró de lo devastador que sería.

Ya no quiso presenciar más. Se dispuso a terminar con este doloroso duelo. Se acercó a la pobre viuda, sin hijos y le dijo: "no llores".

Estas eran las palabras que no podría decirle a su mamá desde la cruz, y por ello, eran palabras que emergían con pasión desde su corazón. Cerró sus ojos, recordó a María y quiso gritar: "mujer, no llores. No quiero verte sufrir. No vine a traer dolor al mundo. Nunca fue parte del plan. Me rompe el corazón ver tu pena, ver a la raza humana sufrir.

Tantos me juzgan de ser indiferente, de que no me importa. ¿Puede una madre olvidar a su hijo? – incluso si lo hiciera, yo no lo haré. Cada pena, cada dolor, cada injusticia, cada barbarie... soy testigo de todo ello. A diferencia de ustedes, yo no puedo apartar la mirada. Lo experimento con toda su intensidad, en primera persona. Sin perder detalle alguno.

Creé al hombre libre, y no puedo detener el daño que causa su libertad, a menos que retirara dicho regalo. Y eso, no lo puedo hacer. Lo que sí puedo, es transformar este sufrimiento en un camino de redención. Puedo darle un sentido. Convertirlo en un instrumento de salvación.

Eso es lo que haré en la cruz, por cada uno.

Cuando llegue el momento, no detendré el dolor. Llegado el momento, no obraré el milagro. Entonces, tú y yo tendremos que beber el cáliz hasta la última gota.

Eso será entonces, pero por ahora yo digo: 'mujer, no llores'".

Jesús detuvo la procesión y tocó el féretro. Todos los ojos estaban puestos en él. La multitud se sumió en total silencio, sorprendida de ver su emoción.

Inhaló profundamente, se inclinó sobre el joven y suspiró "joven, a ti te digo: Levántate".

Después de una pausa, el chico abrió sus ojos. Se sentó. La gente retrocedió impresionada. Todos gritaban. Algunos elevaban sus manos hacia el cielo, otros cubrían su rostro y otros más se postraron, honrándolo. Era el estruendo del júbilo. Era el gozo de la resurrección.

"Y Jesús se lo dio a su madre". Estas mismas palabras quedarán registradas cuando Jesús le dé Juan a María (cfr. Jn 19,27).

Eran demasiadas similitudes. Jesús debe haber pensado en su propia muerte. Devolver la vida a este joven era un mensaje en clave: "madre, sufrirás muchísimo el Viernes Santo. Me bajaría de la cruz para consolarte, pero tiene que ser así para la salvación de la humanidad. Ese día te daré a Juan como hijo. Recuerda este momento. No olvides que tengo el poder... tu verdadero hijo resucitará".

La mujer abrazó a Jesús. Lo bendecía, acariciaba su cabello y le agradecía sin cesar. Él se escapó gentilmente de sus brazos, esbozó una sonrisa cargada de dolor y siguió su camino.

La mujer en el Calvario

Debe ser inconcebible ver a tu hijo morir como lo hizo María, con tanta violencia y derramamiento de sangre. ¿Cuánto tiempo le habrá tomado percatarse que lo que atestiguaba estaba en verdad sucediendo?

El Evangelio nos dice que estaba de pie. Firme. Absorta en la escena. ¿Se habrá dado cuenta que había más personas en el Calvario?

Para ese entonces, María era una mujer de edad avanzada, rondaba los 50 años. Sin embargo, cuando la contemplo, no puedo imaginármela sino como una mujer joven.

No soy el único.

Entrando a la Basílica de San Pedro, en Roma, en el primer nicho a la derecha, se encuentra la famosa escultura de Miguel Ángel, la Piedad. Representa una María dolorosa sosteniendo en su regazo el cuerpo sin vida de Jesús. La imagen es espectacularmente bella y es una de las principales atracciones de Roma, pero a primera vista, pocos se dan cuenta que María es de mayor tamaño que su hijo adulto... ¡y de la misma edad o incluso más joven!

Miguel Ángel tuvo una gran intuición al presentarla a nosotros. Al hacer a María más grande, quiere recordarnos que ella siempre será una madre, sin importar la edad de su hijo. Y no importando cuántos años tenga, él siempre será su bebé.

El hecho de que sea tan joven, con un rostro tan atractivo y sin arrugas, nos traduce que ella es una mujer que no ha envejecido. Miguel Ángel nos ha labrado una parábola de la gracia y del pecado. Como el pecado ensucia, envejece y deshace el alma, la gracia por el contrario la eleva, santifica y embellece. Esculpir la figura de una María tan joven y bella quiere recordarnos e insistir en el hecho de que María nunca conoció pecado.

Al ser tan pura, María escondió bien su edad. Incluso en su angustia al pie de la cruz, demostró una virtuosa belleza femenina.

Cuando la contemplo en el Calvario, la veo cubierta por un velo, tratando de protegerse del viento que soplaba sin piedad en ese árido terreno. A pesar de sus esfuerzos, no pudo evitar que un rebelde mechón de cabello oscuro cayera constantemente sobre su frente y sus ojos. Instintivamente, sin darse cuenta, lo regresaba a su lugar, sólo para que, en cuestión de minutos, éste volviera a zafarse, repitiendo una y otra vez el proceso.

Como una mosca que va y viene, causando distracción y molestia; o como un niño pequeño que jala la falda de su madre para llamar su atención mientras ella habla por teléfono, este mechón trataba de comunicar algo. Buscaba despertarla, devolverla a la realidad, convencerla de que lo que presenciaba, no era un sueño.

La improbabilidad de lo que sucedía la había dejado en shock. Ya no veía con sus ojos. No escuchaba con sus oídos, ni sentía con sus manos. Todo lo experimentaba, no por sus cinco sentidos, sino a través de su corazón.

Tal vez desde el instante en que escuchó que su hijo había sido aprehendido, probablemente en el momento que se encontró con Él cargando su cruz y definitivamente en cuanto llegó a la cima de esa pequeña colina llamada Calvario, María veía todo en blanco y negro. Para ella, ya no existían colores.

Tampoco había ruidos.

Nada existía fuera del pensamiento de su Hijo. Su hijo crucificado, agonizante y moribundo.

Cuando una madre pierde a su hijo, una parte de ella muere también. En ocasiones, especialmente al inicio, el mundo parece terminarse. Un día leí una noticia que confirma justo esto. Era la narración de una mujer cuyo hijo, bombero, había muerto en un incendio forestal en España. Sus palabras me golpearon, y no pude dejar de pensar que María había pasado por algo muy similar:

"Era un viernes de marzo. Nunca olvidaré ese día. El mundo, tal como lo conocíamos hasta entonces, se había terminado para siempre.

Era un día de mucho viento. Habíamos escuchado en la radio que había un incendio forestal cerca de donde vivimos. Mi esposo, Adolfo, llamó a nuestro hijo, Carlos, para preguntarle si todo estaba bien y si el sería uno de los bomberos que enviarían al sitio del fuego. Respondió que no podía hablar mucho porque la estación era un caos, pero que no había sido asignado a esa misión. Así que nos relajamos, aliviados de que nuestro hijo no corría peligro.

Eran como las 6 de la tarde.

¡Qué ironía! No teníamos idea que una hora más tarde, él se encontraría entre las víctimas del incendio.

Cerca de las 9 de la noche, recibimos una llamada. Todavía puedo ver en mi mente cómo Adolfo se levantó, cruzó la sala y levantó el auricular. No sé cómo, pero supe que algo andaba mal. Las madres... tenemos un instinto.

Adolfo hablaba con frases breves y entrecortadas, como si respondiera preguntas. Se veía confundido. Mientras hablaba sentí que mi estómago se encogía y mi cabeza daba vueltas. Cuando colgó, obviamente lo bombardeé con preguntas: '¿qué pasó? ¿Cómo está nuestro hijo? ¿Quién era? ¿Qué te dijeron?'

No estaba seguro. Habían sido muy poco precisos. Había ocurrido un incidente... que nos explicarían en persona... que si podíamos acudir a la estación.

Salimos corriendo de la casa. Con la ansiedad, olvidamos apagar las luces o el televisor.

Al llegar nos recibió el capitán del escuadrón. Nos confirmó lo que ya esperábamos. Nuestro hijo había muerto. El mundo se desplomó a mi alrededor. Nada tenía sentido. No podía creerlo. No podía creer nada. En ese momento, nadie ni nada existía para mí. Confronté la fría y muda realidad de que mi hijo ya no estaba con nosotros. Estaba totalmente sola, sumergida en un abismo en el que no me percataba de lo que ocurría alrededor. Estaba perdida.

Todo sucedió tan rápido. A mediodía él terminó su almuerzo y se fue a trabajar, como cualquier otro día. Unas horas después, se había ido. El plato sucio en el que comió aún se encontraba en el fregadero ¡sin lavar!

No podía entender que esto me estuviera pasando. Esto les ocurría a otras familias, a otras madres. No podía imaginarme cómo el mundo seguiría dando vueltas como si nada hubiera pasado. De regreso a casa, la gente iba y venía, en las tiendas y en los bares, sonreían... y mi hijo se había ido; yo me sentía devorada por la angustia.

A partir de ese momento quedé como un zombi, siguiendo la corriente, como en un sueño. Tratamos de continuar normalmente, Adolfo en su trabajo, y yo en mis tareas cotidianas, pero mi mente estaba ausente. No podía cumplir ninguna de mis obligaciones diarias. La vida perdió todo significado".

María era madre. Perdió a su hijo de forma trágica. ¿No habrá sentido las mismas emociones? ¿La confusión y soledad no la habrán sobrepasado? Sí, era una mujer de gran fe, pero ni siquiera la fe puede impedir que el corazón sienta.

Despertando a la pesadilla

Hacía frío en el Calvario.

Como cuando despiertas de la anestesia general tras una cirugía. ¿Te ha sucedido?

Comienzas a escuchar voces, pero aún no puedes abrir tus ojos... o tal vez están abiertos pero no ves nada. Puedes hablar e incluso contestar preguntas, pero estás sumido en un dulce mareo que es más fuerte que tú y no sabes con exactitud dónde te encuentras.

Y después, comienzas a temblar. Debe ser el cuerpo que está despertándose. Un frío intenso se posesiona de ti, mientras las amables enfermeras te cubren con una cobija más o dos.

Soplaba el viento en el Calvario.

Ella se estremecía.

Su hijo clavado en alto frente a ella.

No creo que María estuviera pendiente de todo lo que sucedía a su alrededor en ese momento. No se dio cuenta de las espinas o de las rodillas raspadas y ensangrentadas. No contempló su cuerpo torcido o la deformidad de sus brazos. No observó los clavos o las heridas abiertas donde antes hubo piel. Sólo vio dolor. El intenso dolor de su hijo.

Ella bebía del tormento de él. Se alimentaba de su aislamiento. Apretaba sus puños y forzaba su respiración como él lo hacía. Paso a paso, ella lo acompañaba en su agonía.

A pesar de todo, llegó el momento en que María comenzó a percatarse de que había otros en el Calvario. En particular, de otros dos crucificados, uno a cada lado. Ladrones. Gemían moviendo su cabeza, la imagen perfecta de la desolación. ¿Dónde estaban sus familias? ¿Dónde estaban sus madres?

La mujer que perdió a su hijo en el incendio tuvo una experiencia similar:

"Cada uno de nosotros, mi esposo, mis hijos… tratamos de seguir adelante. No sé cómo. Comenzamos a reaccionar poco a poco. Como padres, lo más difícil fue ver sufrir a nuestros hijos por la pérdida de su hermano mayor, su apoyo, su líder. También estaban solos. También se sentían perdidos.

Ahora me doy cuenta de que, por un buen rato, no me preocupé – no podía preocuparme – por ellos. Y ¡cómo me necesitaban! Pero yo me encontraba atrapada en mi propio dolor sin ser capaz de ver más allá de él".

El hijo de María no era el único que sufría.

Al voltear hacia arriba, vio que uno de ellos la miraba fijamente. Sus ojos oscuros, irritados e hinchados, la miraban desde otra cruz. Encerraban años de dolor y soledad, de abuso y descuido.

Esos ojos interpelaban a María. Suplicaban. Imploraban. Cuando finalmente volteó y lo vio, cuando se limpió una lágrima y le dirigió una mirada de esperanza y una débil sonrisa, entonces él comenzó a llorar. Las lágrimas corrieron por primera vez desde su infancia. Lágrimas de purificación. Esas lágrimas lavaron una vida entera de sufrimiento. Cuando más necesitó amor, lo encontró en ella. Y María – aunque sea difícil de creer – le amó también. Él también era su hijo.

¿Por qué miró con tanta insistencia a María? ¿Qué atrajo su mirada con tanta fuerza? ¿Era solo su ternura maternal, o había algo más, algo más profundo?

El Buen Ladrón no podía mirar directamente a Jesús. Estaban crucificados, lado a lado. Aun volteando la cabeza, podía ver muy poco. Sin embargo, al ver a María, mirando sus ojos puros, podía ver a Jesús perfectamente reflejado en ellos. Contemplando a María, encontró una madre. Contemplando a María, encontró a Jesús.

Y ella, no sólo encontró un nuevo hijo, también encontró una fuente nueva de fuerza y confianza. Se enderezó. Tenía que ser fuerte para sus dos hijos.

El abrazo de consuelo de Juan

La madre del bombero caído aún tiene una lección más que ofrecernos:

"Con la muerte de Carlos, muchas cosas cambiaron en nuestra vida, comenzando por nuestros amigos. Por un largo tiempo, no pudimos entender por qué algunos de ellos se distanciaron de nosotros. Nunca nos llamaron. Nunca escribieron. Sigilosamente desaparecieron de nuestras vidas. ¿Estábamos enfermos? ¿Los contagiaríamos con nuestro dolor? Más tarde comprendimos que ellos también estaban afectados y no sabían qué decir o cómo decirlo. No sabían cómo enfrentar a unos amigos que sufrían tanto y decidieron que era mejor evitar todo el asunto.

Por el contrario, hubo muchos otros que tal vez nunca habían estado tan cerca de nosotros como en esos días. Acudieron a consolar, acudieron a escuchar. Al final, eso era lo que más necesitábamos: ser escuchados".

María también buscaba compañía. Era una mujer fuerte y derramaba su amor sobre los tres crucificados... pero también lo necesitaba. Y fue entonces cuando sintió el abrazo de Juan.

El sufrimiento es algo tan personal, tan difícil de comunicar, que la tendencia es aislarse. En el duelo, no importa cuánta gente te rodee, no puede llevarse el dolor. Pero puede mitigarlo. El saber que otros están ahí y que les importa, hace la carga más ligera. Un abrazo puede ser tan significativo. Un simple roce, una caricia desde el corazón, consiguen mucho más que las palabras.

María sintió que el brazo de Juan la rodeaba con firmeza y se percató que siempre había estado ahí. Él la había estado abrazando todo este tiempo, pero ella no lo había notado; su dolor era tan grande. Tener a Juan a su lado, sentir su calor, era un bálsamo para sus heridas. Comenzaron a reaparecer los colores. Las cosas cobraron perspectiva. Ahora podía escuchar los sonidos de su alrededor. Podía ver a Magdalena. Podía ver a los soldados. También estaban los Fariseos y muchos, muchos judíos. Ahora, todos eran parte de su vida. Todos eran sus hijos.

Nosotros también estamos ahí.

Si contemplando el misterio de la muerte de Cristo podemos participar de las gracias que Él nos alcanzó, también podemos entrar en escena y acompañar a María.

Significaría mucho para ella que pudieras compartirle un abrazo de amor. Acércate a ella. Coloca tu brazo sobre sus hombros. No necesitas decir nada, solo abrázala. A Juan no le importará.

Epílogo

María aceptó que la llevaran a su casa sólo cuando todo hubo terminado y su hijo muerto fue descendido de la cruz y colocado en el sepulcro. Juan la levantó del suelo, donde ella estuvo de rodillas con la cabeza de Jesús en su regazo. La tomó de la mano y la llevó colina abajo.

De pronto, Juan se detuvo. María había cambiado. Mirándola fijamente, notó que su rostro – su rostro inmaculado y amoroso – ya no era fresco y juvenil. Alrededor de sus ojos y en su frente, las lágrimas y el sufrimiento habían dejado arrugas como huella... y esa trenza suelta de cabello desafiante ya no era oscuro como la noche. Estaba salpicado de gris.

Si Jesús se despertó de la muerte con las huellas de los clavos visibles en sus pies y manos, con la herida de lanza evidente en su costado, fue porque eran los trofeos de su victoria, recuerdos gloriosos de su cruda batalla y milagroso triunfo.

María luchó con él hombro a hombro. ¿No debería tener también ella alguna marca de gloria? No tenía lesiones físicas como Jesús, pero compartía una amplia gama de heridas espirituales con Él. Tal vez su cuerpo glorioso, perfecto en toda su belleza, mantiene un mechón de pelo gris como testigo de su participación en la victoria de Cristo.

Sería un recuerdo conmovedor.

IV. LA RESURRECCIÓN

El Evangelio ofrece varias escenas de la resurrección: la tumba vacía, la aparición de Jesús a María Magdalena y a las otras mujeres, el encuentro con los discípulos camino a Emaús, el encuentro con los once en el cenáculo en dos ocasiones (la primera vez Tomás no estaba con ellos), e incluso otra pesca milagrosa. Cualquier referencia a la Santísima Virgen María está descaradamente ausente. ¿Será posible que Jesús no se le haya aparecido?

Juan Pablo II estaba convencido de que sí lo hizo:

"¿Cómo podría la Virgen, presente en la primera comunidad de los discípulos (cfr. Hch 1,14), haber sido excluida del número de los que se encontraron con su divino Hijo resucitado de entre los muertos?

Más aún, es legítimo pensar que verosímilmente Jesús resucitado se apareció a su madre en primer lugar. La ausencia de María del grupo de las mujeres que al alba se dirigieron al sepulcro (cfr. Mc 16,1; Mt 28,1), ¿no podría constituir un indicio del hecho de que ella ya se había encontrado con Jesús? Esta deducción quedaría confirmada también por el dato de que las primeras testigos de la resurrección, por voluntad de Jesús, fueron las mujeres, las cuales permanecieron fieles al pie de la cruz y, por tanto, más firmes en la fe...

Por ser imagen y modelo de la Iglesia, que espera al Resucitado y que en el grupo de los discípulos se encuentra con él durante las apariciones pascuales, parece razonable pensar que María mantuvo un contacto personal con su Hijo resucitado, para gozar también ella de la plenitud de la alegría pascual".

(Audiencia, miércoles 21 mayo, 1997).

Cuando se le pregunta por qué el Evangelio no lo menciona, el Santo Padre nos ilustra con algunas razones:

"Suponiendo que se trata de una 'omisión', se podría atribuir al hecho de que todo lo que es necesario para nuestro conocimiento salvífico se encomendó a la palabra de 'testigos escogidos por Dios' (Hch 10,41), es decir, a los Apóstoles, los cuales 'con gran poder' (Hch 4,33) dieron testimonio de la resurrección del Señor Jesús. Antes que a ellos, el Resucitado se apareció a algunas mujeres fieles, por su función eclesial: 'Id, avisad a mis hermanos que vayan a Galilea; allí me verán' (Mt 28, 10).

Si los autores del Nuevo Testamento no hablan del encuentro de Jesús resucitado con su madre, tal vez se debe atribuir al hecho de que los que negaban la resurrección del Señor podrían haber considerado ese testimonio demasiado interesado y, por consiguiente, no digno de fe.

Los evangelios, además, refieren sólo unas cuantas apariciones de Jesús resucitado, y ciertamente no pretenden hacer una crónica completa de todo lo que sucedió durante los cuarenta días después de la Pascua. San Pablo recuerda una aparición 'a más de quinientos hermanos a la vez' (1 Co 15,6). ¿Cómo justificar que un hecho conocido por muchos no sea referido por los evangelistas, a pesar de su carácter excepcional? Es signo evidente de que otras apariciones del Resucitado, aun siendo consideradas hechos reales y notorios, no quedaron recogidas".

(Audiencia, miércoles 21 de mayo 1997).

Yo estoy de acuerdo con el Santo Padre, pero también me gustaría expresar mi teoría. María era una mujer de inmensa fe; no tenía necesidad de ver a Jesús para creer en su resurrección. Desde el momento que se despertó la mañana del domingo, sabía que había resucitado... porque Él había dicho que así sería. Para ella eso era suficiente. Podría haber vivido el resto de su vida con esa convicción, sin la necesidad de una visión sobrenatural.

Sin embargo, Cristo quería aparecerse a María... porque lo necesitaba Él. Ella era su madre, la persona más cercana en el mundo para Él. No podría imaginar celebrar su victoria sin ella a su lado.

Mientras escribo esto, me encuentro viviendo en México. No he vivido en mi país por más de diez años y hace treinta que dejé a mi familia para entrar en la vida religiosa. A pesar de la distancia y mi notoria ausencia, cuando estoy verdaderamente feliz y quiero compartirlo con alguien, la primera persona que viene a mi mente es mi mamá. Es un instinto natural y universal, especialmente para un sacerdote que no tiene a otra persona cercana a Él. Lo mismo tiene que haber pasado con Jesús. No podría pensar en vencer al pecado y a la muerte sin dejarla participar de una dicha tan grande.

Su primer abrazo de resucitado debe haber querido dárselo a ella, más que a cualquier otra persona.

¿Cómo vivió María esas horas de silencio antes de la resurrección?

Ella se mantuvo firme y llena de fe al pie de la cruz. Ella sufrió tremendamente, pero no dudó, incluso cuando todos a su alrededor estaban golpeados por el terror y la desesperanza. Judas lo traicionó y se ahorcó. Pedro lo negó públicamente y nadie sabía dónde estaba, probablemente llorando en un rincón oscuro, bajo un puente, desconsolado. Los demás se habían desperdigado en todas direcciones, asustados y confundidos.

Poco a poco fueron regresando al cenáculo. No tenían a donde más ir. ¿Y María dónde estaba?

El Evangelio nos dice que Juan se encargó de ella. ¿La llevó al cenáculo? Ahí es donde le encontrarán la mañana de la resurrección, pero no se hace mención de la Virgen. ¿Dónde podría estar?

Donde fuera que estuviere, se encontraba en contemplación profunda, rumiando todos los misterios que había vivido con Jesús desde su nacimiento. En particular había uno que volvía a su mente una y otra vez: ese día en Jerusalén, cuando él tenía 12 años.

José y María iban cada año a Jerusalén para la fiesta de la Pascua. Ese año llevaron a Jesús con ellos y cuando todos emprendieron el largo camino de regreso a Nazaret, sin conocimiento de sus padres, él se quedó en el Templo.

Como los hombres solían caminar juntos, separados de las mujeres, y Jesús era aún un niño que podía ir con cualquiera de los dos grupos, José pensó que estaba con María. Y María estaba segura de que iba con José... la combinación para una tormenta perfecta.

Cuando se detuvieron para pasar la noche y las familias se reunieron, el darse cuenta de que Jesús no estaba les cayó como un balde de agua fría. En cuanto les fue posible, partieron de nuevo al Templo.

Al tercer día lo encontraron, sano y salvo, escuchando a los maestros y haciéndoles preguntas. No sólo parecía cómodo y despreocupado, sino que se sorprendió de que sus padres no lo estuvieran. La misteriosa respuesta a sus interrogantes deja cuenta de su actitud: "¿Por qué me andaban buscando? ¿No sabían que debo estar en casa de mi Padre?"

En el griego original, la palabra "casa" no es explícita. Una mejor traducción sería: "¿No saben que debo atender las cosas de mi Padre, los asuntos de mi Padre?"

Ahora que había perdido a Jesús por segunda vez, ella recordaba esas palabras. Nunca las entendió antes. Ahora tenían más sentido. Podía escuchar a su Hijo diciendo nuevamente: "Madre, ¿por qué te preocupas? ¿Por qué estás ansiosa? Me estoy encargando de la voluntad de mi Padre. Todo estará bien".

Tal vez Jesús se perdió a propósito en el Templo. Quizá estaba tratando de prepararla. Deseaba que ella experimentara lo que sentiría con su muerte para que estuviera lista. Quería decirle palabras que serían de gran consuelo para ella años después, cuando fuera realmente importante.

Podría ser que incluso se lo haya podido decir antes de que comenzara su Pasión. "Madre, ¿te acuerdas cuando hace tiempo me quedé en el Templo tres días? Estaba atendiendo los asuntos de mi Padre. Mamá, otra vez desapareceré por tres días. A donde voy, tú no puedes venir. Otra vez son pendientes de mi Padre. Pero regresaré. Me volverás a encontrar. Confía en mí".

María creyó. No la libró de su sufrimiento, pero le dio un sentido. No sólo esperaba verlo al tercer día... tenía la certeza. A diferencia de los apóstoles, creo que por esa razón logró dormir un poco aquella noche de viernes. Y la del sábado también.

Una contemplación de la Resurrección

Me gusta imaginarme a María en una casa linda al centro de Jerusalén. Por el Evangelio de Juan, sabemos que el discípulo amado tenía buenos contactos en la zona. Habiéndole encontrado un buen hospedaje con gente amable, la dejó la mañana del sábado diciéndole que iría a ver qué noticias había de los demás apóstoles. Pasado el mediodía volvió para decirle que los otros diez habían logrado regresar al cenáculo, pero que daba lástima el estado en el que se encontraban. María quiso acudir inmediatamente, pero ya oscurecía. Él la llevaría a primera hora de la mañana.

Era muy temprano del primer día de la semana.

Probablemente por primera vez en su vida, María dormía en una buena cama. La noche anterior consiguió dormir ya tarde y ahora se encontraba en un profundo sueño. Tantas emociones... estaba totalmente exhausta.

El sol comenzaba a levantarse y sus primeros rayos brillaron radiantemente a través de la ventana de su recámara, acariciando gentilmente su mejilla.

Se veía tan linda.

Estaba soñando. Escuchaba a jovencitas cantar. Las podía ver bailando en una pradera floreada. Repentinamente escuchó a la distancia la voz de un hombre. Repetía las palabras del Cantar de los Cantares: "Os conjuro, muchachas de Jerusalén... que no despertéis a mi amor hasta que quiera" (Cant 2,7). Ella reconoció la voz en su sueño y respondió con el verso siguiente: "¡La voz de mi amado! Miradlo, aquí llega saltando por los montes, brincando por las lomas" (Cant 2,8).

Jesús estaba en la habitación. Estaba de pie frente a ella a la luz de la mañana. Olía a perfume, a dulce lluvia de bosque, a lirios matutinos.

Él no pudo contener la sonrisa mientras contemplaba su belleza. ¡Qué feliz se sentía! ¡Cómo le complacía este momento, el momento en que despertaría a su madre y le daría el maravilloso regalo de su resurrección!

Se sentó cuidadosamente en la orilla de la cama. Con suavidad, apartó su cabello hacia un lado... ese mechón que obstinadamente cubría su mejilla. Inclinándose la besó con dulzura y le susurró "buenos días, mamá".

Podría simplemente haber dicho:

"Levántate, amor mío, hermosa mía y vente. Mira, ha pasado el invierno, las lluvias cesaron, se han ido. La tierra se cubre de flores... ya se oye el arrullo de la tórtola por toda nuestra tierra. Despuntan yemas en la higuera...

¡Anímate, amor mío, hermosa mía y ven!... déjame ver tu figura, deja que escuche tu voz; porque es muy dulce tu voz y tu atractiva figura" (Cant 2,10–14).

Ella abrió sus ojos. Todavía entre dormida y despierta. Susurró: "¿Jesús?" y se levantó de un brinco. Lo abrazó. Lo llenó de besos. Lo sostuvo a la distancia de sus brazos para verlo mejor y luego lo volvió a abrazar. De pronto comenzó a llorar, después a reír y luego a llorar otra vez.

Jesús reía. Estaba extasiado. La apretó con fuerza. La levantó de la cama y le dio vueltas. La acostó de nuevo y se acurrucó a su lado. Tomó su cara entre sus manos y la acarició porque ella no podía dejar de besarle las llagas de sus manos, la frente, sus mejillas, sus labios. Como cuando era un bebé.

Finalmente aflojó su abrazo. Comenzaron a hablar en tono suave y serio. Él la tranquilizó. Ella preguntaba, él respondía. Y así continuaron por mucho tiempo.

Y ahí estás tú, querido lector, presenciando la escena desde una esquina. María en su camisón, su cabello suelto, sin cubrir. Jesús a su lado con su radiante cuerpo resucitado, tan nuevo y al mismo tiempo inequívocamente el mismo de siempre. Transformado, pero aún el mismo Jesús.

De pronto, María y Jesús interrumpen su conversación. Se voltean y te miran. Sonríen y extienden sus brazos hacia ti. Quieren que seas parte de su abrazo. No eres un extraño. Eres familia.

Quédate en ese momento. Permítete ser amado. No estás interrumpiendo. Te encuentras exactamente donde debes estar... exactamente donde Jesús y María quieren que estés.

Tan solo el principio

Esto es la contemplación: dejar que tu imaginación penetre en la escena, permitir que tu corazón se inflame de amor. Tal vez no es para personas serias, importantes. Quizá es sólo para niños. Pero un día, Jesús dijo a los Fariseos que "de la boca de los niños y los que aún maman, te preparaste alabanza" (Mt 21,16). La mejor manera de rezar es rezar como un niño en los brazos de su Padre amoroso. Es la forma en la que Jesús quiere que recemos; es la manera en que nos enseñó a rezar: Padre Nuestro; Abba, Padre.

Al llegar al final de este libro, pido a Jesús que nos haga como niños pequeños. Niños que no temen imaginar a Jesús, a María, a los ángeles o a los santos, y a saber que son nuestros amigos, nuestra familia, siempre presente y siempre intercediendo por nosotros. Niños que saben que María es su madre amorosa y que en su abrazo encontrarán alegría y consuelo.

Niños que nunca se cansan de contemplar a María.

www.ingramcontent.com/pod-product-compliance
Lightning Source LLC
La Vergne TN
LVHW091837190726
843491LV00002BA/670